모로코, 천년의 시간을 걷다

모로코, 천년의 시간을 걷다

황성자 여행 에세이

시와문화

■작가의 말

　밀려오는 일상의 버거움을 참지 못하고 나는 떠났다. 비행기가 모하메드 공항에 착륙하는 순간 현재와 과거의 기억이 지우개로 지운 듯 사라졌다.
　공항 인부들 발등을 타고 다니는 게으른 햇살과 질레바를 입은 사람들 사이로 의식은 빠르게 이동했고, 양어깨 위에 앉아 나를 누르던 현실의 무게도 사라졌다.

　운전자와 보행자는 서로 크레이지라며 고래고래 소리를 지르고 그 사이를 당나귀와 말들이 오간다. 여기저기서 구걸하는 사람들 손이 삐져나왔다.
　병병하게 부풀려 코에 뒤집어쓴 채 걷는 소년의 눈동자는 허여멀건했고, 갓난아기를 안은 부인을 태운 오토바이 운전자는 스마트폰을 만지작거리며 질주한다. 뭐가 그리 재밌는지 낄낄대며 스마트폰을 들여다보는 교통경찰은 정신줄을 놓았다.

　어디선가 바람이 불어왔고 머플러는 부풀려져 팔랑거렸다. 나의 두 다리는 바람을 따라 방향을 틀었고 속도를 내기 시작했다. 체기가 느껴질 정도로 울렁거리던 발걸음이 어느 지점에서 안정을 찾기 시작했다. 그리고 나의 모든 의식은 안도의 한숨을 내쉬었다.

내게 여행은 늘 그랬다. 현실에서 도망치듯 급하게 떠났고, 어느 순간 망각의 강을 건넜다. 현실을 잊은 게으름이 그리움으로 변할 즈음 나는 부리나케 일상으로 복귀했다. 어쩌면 나의 두 다리가 견고하게 이 땅을 딛고 서 있는 한, 나는 습관처럼 이역만리 머나먼 땅으로 날아가 망각의 강을 건너고, 다시 그 강을 건너 돌아오는 일을 반복하고 있을지도 모른다.

출간 준비 중 내가 다녀왔던 하이아틀라스 산맥 지대에서 엄청난 규모의 강진이 발생하여 수많은 인명 피해가 났다. 참으로 안타깝고 가슴 아픈 일이다. 돌아가신 분들께 삼가 조의를 표하며 피해를 입은 모든 분들께 깊은 위로의 말씀을 드린다.

2023년 가을 황성자

차례

■작가의 말

제1장 겨울 모로코

1. 떠나는 마음

떠나는 마음 _ 14
카사블랑카는 로맨틱한가요? _ 18
낯선 시간과 공간 속에서 _ 21
메디나에서 흥정하기 _ 23
여행자의 시간 _ 25

2. 겨울 아틀라스

마라케시의 아침 정경 _ 28
산딸기 파는 아이들 _ 31
물아일체 _ 34
붉은빛 유혹 _ 36
아틀라스 산맥을 바라보면 먹는 따진맛 _ 38
알라딘의 요술램프 탄생지 _ 40

3. 천년의 시간을 걷다

베니멜랄 _ 44
아무거나 인샬라 _ 47
내가 홀린 도시에 잠든 슬픔 _ 49

여행을 일처럼 하는 사람들 _ 51
모로코 경찰에게 잡히다 _ 53
해가 지는 나라 알 마그레브 _ 55
죽음의 질주 _ 57
아아 패즈Fez _ 59
와인 잔에 담아 온 청년의 마음 _ 61
천년의 시간을 걷다 _ 64
탕헤르 가난한 마을 현지인의 초대 _ 67

4. 탕헤르에서 쉐프하우엔까지

탕헤르의 아침과 사람 마음 풍경 _ 72
밀입국한 아이들의 허망한 시간 _ 74
연기처럼 사라지는 인생 _ 76
영혼 타령 _ 78
거만한 교통경찰 _ 80
회귀 _ 82

제2장 여름 모로코

1. 거꾸로 걷는 시간

기내에서 만난 모로코 처녀 _ 88
그렇게 여행은 다시 시작되고 _ 90
거꾸로 걷는 시간 _ 93
브런치 예찬 _ 96
마라케시의 아침 정경 _ 97
생쥐 소동 _ 99
소매치기 소년 _ 100

2 에사우이라 발치 아래에서

정신과 육체의 경계 아래에서 _ 104
아르가나의 염소나무 _ 106
밥 말리와 지미 핸드릭스의 거리 _ 109
예술가들이 사랑한 천국 에사우이라 _ 111
에사우이라 발치 아래에서 _ 113
쇼핑센터 화장실에 대한 나의 고백 _ 115

3. 여름 아틀라스

용서할 수 없는 그녀 _ 118
풍요의 여신 아틀라스 _ 120
지난겨울의 회상 _ 122
아름다운 세티파티마 마을 _ 123
산악가이드 유세프 _ 125
미친 프랑스 청년 _ 127
사하라에서 온 할아버지의 초대 _ 128

4. 제마 알프나 광장의 두 얼굴

고마운 인샬라 _ 132
제마 알프나 광장의 두 얼굴 _ 133
구걸하는 아기와 빵 파는 아기 _ 135
초록별이 출렁이는 밤 _ 138

5. 사하라를 위한 위대한 여정

하얀 나비와 행운의 여신 _ 142
밥 말리를 사랑한 사람들 _ 144
아나콘다로드 마을 청년과 나의 동상이몽 _ 146

천상의 카페에서 _ 148
질주하는 틴기르 마을 소년 _ 150
이상한 동행 _ 153
히잡 쓴 여인의 초대 _ 155
파란 수단 입은 소년과 르느와르 여인 _ 157
토드라 협곡 뮤지션 _ 160
자연에 순응하는 사람들 _ 162
목걸이를 파는 소년 _ 167
허공에 걸린 카페 _ 169
광야의 슬픈 들짐승 _ 171
사하라의 대부호 _ 173
사하라 사막에서 만난 할아버지 _ 176
하얀 나비와 베르베르족 소녀 _ 178

6. 패즈Fez 가는 길

바람이 떨어트린 모래알 하나 _ 182
풀잎 낙타 _ 184
이상한 부자마을에서 염소 수육 _ 186
자이다Zaida의 개 _ 189
원숭이의 공격 _ 190
반가워 나의 패즈 _ 192

7. 물레야꾸 마을

이슬람교와 고양이의 존재 _ 196
수카이나의 신념 _ 198
당나귀 신세 _ 200
남녀 혼탕이야? _ 201
올 크레이지 피플 _ 204

물레야꾸 마을 아이들 _ 206
잘 몰라, 왜 몰라? _ 209

8. 뱀파이어도 사랑했던 도시, 그리고 파란 마을

타죽어도 좋으리라 _ 212
뱀파이어도 사랑했던 도시 _ 215
이상한 엘리베이터 _ 219
꿈과 현실의 거리 _ 221
하늘로 날아간 아이 _ 223
영혼을 파는 사람들 _ 225
석 잔의 민트 차 _ 227
벤자민의 파랑새 _ 229

9. 카사블랑카의 달

아실라의 군인들 _ 232
정어리와 노인 _ 234
지옥에서 딴 운전면허증 _ 238
카사블랑카의 달 _ 240
돌아갈 준비 _ 241
가입씨 좋아해? _ 245
개념 없는 인샬라 _ 247
카페 총각 _ 249
여행에 대한 나의 소회 _ 251

제1장 겨울 모로코

1부
떠나는 마음

떠나는 마음

　파울로 코엘료는 바다가 보이는 타리파Tarifa 외곽의 낡은 교회에 앉아 『연금술사』를 구상하였다고 한다. 2017년 가을 나는 그 타리파 항구에서 지브롤타Gibraltar 해협을 건너 탕헤르Tangar 항구에 도착했다. 벨벳처럼 보드랍고 상냥한 바람이 갑판 위로 불어와 내 머리칼을 흐트러뜨렸고, 목에 두른 머플러는 부풀려져 팔랑거렸다. 파도는 바다 향이 담긴 포말을 뱃머리로 몰고 왔다. 나는 무언지 모를 아득함에 숨이 막혔고, 몽롱한 설렘으로 심장은 터져버릴 것만 같았다. 그러나 로맨스의 대명사로 떠오르던 카사블랑카의 얼굴을 첫 대면 하는 순간 실소가 터졌다. 카사블랑카의 밤거리는 범죄자의 도시처럼 칙칙하며 음울했고, 눈이 퀭한 남자들이 떼 지어 다니는 뒷골목은 위험해 보였다. 호텔 밖으로 한 발자국도 못 나가게 할 만큼 호기심과 두려움에 가득 찬 거리를 언젠가 꼭 걸어보리라 새겨두었다.

　2018년 1월 11일 밤 11시. 공항 천장에서 쏟아지는 LED 불빛은 어서 떠나라고 채근하는 것만 같았다. 이미 현실을 잊은 나는 보딩게이트가 열리기 무섭게 비행기 안으로 몸을 집어넣는다. 동체는 짧은 신음과 함께 내장을 흔들었고, 이내 불끈 몸을 일으켜 광속으로 지구 밖으로 분리된다. 목

젖을 타고 흘러내린 레드와인 몇 모금이 의식을 '툭' 끊으며 잠의 나락으로 떨군다.

두바이 공항에서 세안하고 메모를 하는 사이 대기시간 두 시간이 훌쩍 지나간다. 카사블랑카행 기내엔 한국인은커녕 동양인 한 명 볼 수 없었다. 히잡 쓴 여인과 두건을 눌러쓴 남자 승객이 내뿜는 짭조름한 냄새에 뜬금없이 무라카미 하루키의『먼 북소리』중 그리스인들이 갓 잡은 문어를 다루는 방법이 생각났고, 동시에〈나의 문어 선생님〉이란 다큐멘터리가 떠올랐다.

그리스 어부는 문어를 잡으면 산채로 다리를 잡고 콘크리트 바다에 내리쳐서 부드럽게 만든 후 빨랫줄에 널어 말린다. 번 아웃을 느끼던 프리다이버 이자 영화감독인 '크레이그 포스터'는 남아프리카 바다에서 편안함과 위로를 얻게 되고, 우연히 바닷속 해초 숲에서 문어를 만나며 특별한 교감을 시작한다. 어느 날, 그가 안전한 사람이라 믿게 된 문어는 조심스럽게 그를 쓰다듬기 시작한다. 나는 미간이 찡그려지는 것을 느꼈고, 동시에 사랑스러움을 느꼈다. '불쌍한 문어'와 '문어 선생님'이란 탄식도 동시에 흘러나왔다.

기내에서 사라진 여행 가방

소변을 참는 나에게 반복해서 괜찮냐 물어봐 준 히잡을 쓴 옆자리 여인 덕분에 방광이 터지는 일은 모면했다. 그런데 이상하다. 짐 보관함에 올려둔 여행 가방이 없어졌다. 여행 경비를 포함한 중요한 모든 것이 들어있다는 것에 생각에 미치자 등골이 서늘해졌고. 오만가지 상상에 숨이 막혔다. 그때 옆자리 여인이 손가락으로 내 옆구리를 '콕' 찔렀고, 모기만 한 소리로 '왼쪽 창가 보관함에 있다고, 창가 쪽에 앉은 수염이 덥수룩한 남자가 가방을 옮기는 걸 봤다고,' 그러면서 여인은 주변 눈치를 살폈다. 극도로 소심해진 나는 가방 찾은 것으로 안도의 한숨을 내쉬며 여인에게 고맙다는 인사를 건넸다.

착륙 준비를 하라는 기내방송을 들으며 그 짧은 시간에 깊이 잠이 들었다. 왁자한 소리에 잠이 깼고, 삼사십 년쯤 후진하다 급브레이크를 밟은 것 같은 풍경에 웃음이 터졌다. 모하메드 공항 활주로에 쏟아진 햇살이 사람들 발등을 타고 다니며 그림자를 만든다. 컨베이어 벨트를 타고 쏟아지는 짐이 공항 인부들의 손에 낚여 트럭에 실린다. 사람들과 섞여 버스를 타고 공항으로 이동한다. 입국 절차는 너무 간단해 되레 맥이 빠졌다. 짐을 찾는데 약간의 혼선을 빚었지만 모든 절차를 무사히 마치고 공항 밖으로 나온다. 두꺼운 옷이 거추장스러울 정도로 날씨는 따뜻했다. 지끈거리던 현실에서 과속으로 후진해 나는 30년 전의 평온한 어느 시점에서 급브레이크를 밟는다.

카사블랑카는 로맨틱한가요?

낡은 승용차로 마중 나온 모하메드의 첫인상은 순박했다. 때가 새카맣게 껴서 거북이 등처럼 갈라진 손등을 보는 순간 웃음이 터져버리고 말았다. 건조하고 낯선 도시를 저벅저벅 걸어가는 사람들은 칙칙한 질레바 때문인지 몰라도 음울해 보였다. 말라비틀어진 당나귀 엉덩이를 철썩철썩 손바닥으로 때리며 걷는 남자는 얄미웠다. 북아프리카 모로코, 카사블랑카 변두리를 달리는 중이다.

영화에서 로맨틱한 사랑의 도시로 각인된 카사블랑카의 낮 모습은 로맨틱은커녕 생지옥을 방불케 했다. 모로코 사람들은 이곳을 작은 인디아라 부른다. 빵빵하게 바람을 불어넣은 비닐봉지를 코에 대고 눈자위를 허옇게 드러낸 소년은 마약 하는 중이라는데. 그러거나 말거나 경찰은 일말의 관심도 없다.

갓난아기와 부인을 태운 오토바이 운전자는 한 손으로 전화를 받으며 곡예 운전을 한다. 자동차가 뒤엉킨 차도에서 신호등 따위엔 관심도 없고 지그재그로 끼어들고 밀어붙이고, 창문을 열고 운전자끼리, 또는 운전자와 보행자는 서로 '크레이지'를 외친다. 10초 간격으로 울리는 경적, 빨간 불에도 성큼성큼 차도로 걸어 들어오는 사람들. 벌건 대낮에, 그것도 차가 달

리는 차도에 내려와 오른손을 앞으로 쭉 뻗어 아래위로 흔들며 어서 돈 내놓으라는 듯한 동작에 헛웃음이 나왔다.

  교통 질서 따윈 아예 존재하지 않는 것처럼 보이는 그들이 하나같이 하는 행동이 있는데, 상대를 향해 양 손바닥을 하늘로 향하게 어깨높이로 올리고 고개를 오른쪽으로 살짝 비틀며 눈썹을 치올린다. 그리고 입술을 오른쪽 끝으로 끌어당기며 '왜? 나는 아무 잘못이 없어. 나는 정당해. 뭐가?'라는 동작을 취한다. 그리고 다시 고래고래 '크레이지'를 외치는데 그 아수라장 차도 사이를 당나귀와 말이 헤치며 다닌다. 지옥이 따로 없다. 사람들이 웅성대며 밀집해 있으면 영락없는 사고 현장이다. 피투성이가 되어 누워있는 사람들을 심심찮게 보는데 사고자 주변엔 경찰이나 구급차보다 구경꾼이 더 많다.

빈민가를 지날 때는 장소 불문 애고 어른이고 차에 달라붙어 문을 두드리며 손을 내미는 통에 창문을 열 엄두를 못 낸다. 눈을 마주치는 순간 찰거머리 같은 눈빛이 집요하게 따라붙는다. 일해서 돈 벌 생각은 안 하고 구걸하며 사는 사람들이 지겹다며 모하메드가 소리를 지른다.

숙소로 가는 길은 전쟁이 쓸고 간 듯 피폐했고, 뼈만 앙상한 떠돌이 개의 등은 벌건 상처 자국으로 흉흉했다. 몇 년은 빨지 않았을 것 같은 꼬질꼬질한 질레바를 입은 남자는 다리를 절룩이며 주차를 상관한다. 왓치맨이다. 아무리 봐도 주차를 도와줄 필요가 없는 자리인데 대부분 구역에 그들이 상주한다. 모로코 화폐로 2디르함을 건넨다.

토사물이 넘쳐나고 초췌한 표정의 고양이들이 활보하는 음습한 골목 안 허름한 아파트를 보는 순간 무언가 잘못된 것 같은 기분이 들었다. 육중한 아파트 외부 현관 철문이 시멘트 바닥을 긁으며 쇳소리를 낸다. 현지인처럼 지내고 싶다는 오더는 잘못된 걸까. 무거운 가방을 들고 낑낑대며 계단을 오르는데 어디서 나타났는지 나이 든 남자가 일행의 짐을 나른다. 20여 개의 나선형 계단을 밟고 올라가야 엘리베이터를 탈 수 있는 구조다. 우리나라 돈으로 2~300원 정도 되는 돈을 건넨다. 낡은 장롱처럼 생긴 엘리베이터는 '삐걱! 쿵! 끽!' 불안한 소리와 육중한 흔들림을 껴안고 5층에 정지한다.

낯선 시간과 공간 속에서

 방문을 여는 순간 사방으로 드리워진 붉은색 커튼 때문인지 암실 같은 기분이 들었고, 바닥에 겹겹이 깔아 둔 낡은 카펫은 어쩐지 촌스러웠다. 발이 시릴 정도로 차가운 바닥에 발을 붙이지 못하고 까치발을 들고 다니다 수면 양말을 챙겨 신는다. 취사도구도 없는 주방에 커피포트만 하나 달랑 있다. 너무 추워 짐을 풀 생각도 못 하고 코트를 껴입는다. 어지간한 곳은 다 다녀왔다는 여행 중독자 K 언니와 H 언니는 덩달아 할 말을 잊고 멀뚱히 건너편 아파트 옥상만 바라나본다. 바람에 나부끼는 빨래, 벽엔 여러 겹의 줄을 그리며 회색으로 덧칠된 비둘기 똥이 낙서처럼 보인다.
 목욕탕을 들여다보고 기절하는 줄 알았다. 물걸레는 한 번도 빨지 않은 것처럼 더러운데다 큼큼한 냄새가 났고, 욕조 대신 양동이 하나만 달랑 있는데 암담한 생각이 다 들었다. 시린 손 여섯 개가 코딱지만 한 전기난로 곁을 에워싼다. 되다 말다 하던 드라이어는 시험 삼아 작동해 보니 미지근한 바람 한번 내뱉더니 끝내 소식이 없다.
 주인이 바이크족인지 벽면에는 온통 요염한 자태의 여인이 오토바이를 타는 사진으로 도배가 되었고, 사진 아래 벽면 중앙에 달린 아주 작고 동그란 쇠고리를 무심코 당겼는데 놀랍게도 술 창고였다. 그곳엔 우리나라에

서도 너무 비싸 엄두도 못 낼 값비싼 와인과 양주가 가득 들어차 있었다.

"주인이 알코올 중독자야. 다 비싼 술들이지. 은행에 다니는 남자인데 주말에는 부모님 집에 가기 때문에 여행자들에게 아파트를 빌려주고 돈을 받지. 절대 마시면 안 되고 눈으로만 구경해야 해."

라며 여행 온 기념으로 선물을 준비했다는 아파트 관리인은 종이봉투에서 모로코와인 한 병을 꺼냈다. 술맛은 잘 모르지만, 떫고 쓴데다 싸구려 알코올 냄새가 진동하는 정말 형편없는 맛이었다. 술 창고는 금지된 것을 즐기는 그들의 은밀한 사생활을 엿본 것 같은 아찔한 기분이 들었다.

*이슬람 율법에서 허용되어 먹을 수 있는 음식을 '할랄 식품Halal Food'이라 하고 금지된 음식을 '하람 식품Haram Food'이라 부르는데, 그중 술은 '하람 식품'에 속한다. 할랄Halal은 아랍어로 '허락된 것'이라는 뜻으로 음식뿐 아니라 그들 생활 전반에 걸쳐 사용되는 많은 것들을 규정하고 있다.

메디나에서 흥정하기

 당장 헤어드라이어가 필요해 메디나 구경을 나선다. 메디나는 우리나라 재래시장과 비슷하다. 깡마른 고양이가 버글대고, 겁에 질린 표정으로 낯선 여행자를 바라보던 개는 꼬리를 감춘다. 한없는 평화와 게으름과 더러움이 함께 뒹구는 거리 앞 버스정류장에는 수십 년 전, 우리나라에서 타다 버린 것처럼 낡고 찌그러진 버스를 타기 위해 사람들이 길게 줄지어 서 있다. 이가 빠진 것처럼 듬성듬성 깨진 벽을 따라 카페트와 지저분한 옷이 넝마처럼 걸려있고, 낡고 근 드럼통 밖으로 흘러내리는 음식물 찌꺼기를 보고 토를 할뻔했다. 헬멧 미착용, 무단 횡단, 빈번한 사고 현장, 뭐 하나 지키는 게 없으면서 '인샬라'라니 이건 좀 어이가 없지 않나.
 잘못 끼워진 퍼즐처럼 지그재그로 거리를 빼곡히 메운 차와 인파, 풀풀 날리는 먼지와 더러운 토사물이 소똥처럼 널려있는 골목, 우중충한 질레바 속 사람들. 마치 종군기자가 되어 전쟁터를 헤매는 기분이다. 분주해진 카메라의 초점이 낡은 2층 건물 귀퉁이 코닥 필름 간판에서 멈추었고 찰 칵! 소리를 냈다. 그 순간 벼락 치듯 고함을 지르며 달려오는 한 남자. '마담! 마담! 시크릿!' 나는 기가 차서 하늘을 가리키며 째려보았고 남자는 조용히 돌아섰다.

정작 메디나는 한산하고 조용했다. 느린 풍경 속을 걷는 나의 시간도 덩달아 느려졌다. 헤어드라이어를 파는 가게를 찾다 겨우 한 군데 발견했는데, 딱 하나 남았다며 벽에 걸려있던 크고 무식하게 생긴 걸 보여 주는 주인 남자, 새것인지 중고인지 구분이 안 된다. 우리나라 돈으로 3만 5천 원이라니 기가 막혀 흥정할 생각도 아예 안 하고 단칼에 돌아서는데 다급하게 부르는 소리.
"마담! 2만 5천 원."
"비싸."
"마담! 마담! 2만 원."
"비싸."
"마다~~ 암! 1만 5천 원."
난 지갑에서 돈을 꺼낸다. 가게 주인의 얼굴이 환하게 빛난다. 아마 그 가격도 잘 판 모양이다. 손수레에 수북이 쌓인 만다린을 삼천 원어치 사고 양이 너무 많아서 놀랐다. 만다린의 탱탱한 과육을 한입 베어 무니 과즙이 팡팡 터지다 못해 턱 밑으로 흘러내린다. 한 손으로 과즙을 훔치며 입안으로 꾸역꾸역 밀어 넣는다. 급하게 넘어간 건더기가 위장에서 단내를 뿜어 올린다. 어디서나 인사가 헤픈 나는 사람들에게 먼저 인사하고 무반응에 혼자 무안해졌다.
초록, 보라, 검정 올리브를 모자이크처럼 쌓아 올린 가게에서 색색별로 한 보따리 사서 시장 골목을 쏘다니며 다 먹어버렸다. 골목에서 뛰어노는 아이들 소리가 여행자의 귀를 낭랑하게 헤집는데, 사람과 당나귀, 말과 마차, 자동차와 마약 하는 소년이 뒤엉킨 이 도시가 묘하게 끌린다.

여행자의 시간

 숙소에 짐을 대충 정리해 두고 나온다. 모로코 어디를 가봐도 가장 눈에 많이 띄는 자동차는 도요타인데 가끔 현대차와 쌍용차도 보인다. 무엇을 쫓는 듯 다급한 남자의 목소리에 돌아보니 고양이 한 마리가 축 처진 모습으로 차도에 엎드려 꼼짝을 안 한다. 배가 고픈 걸까. 안아서 옮겨 주려 손을 뻗치는 찰나 누군가 만지지 말라며 소리치고, 그 틈에 고양이는 메디나를 향해 비척거리며 걸어간다.
 히신 2세 모스크 광상이 바라보이는 대서양 연안을 따라 달린다. 지옥을 물린 연안 가장자리를 걸어가던 그림자 한 쌍이 하나로 겹쳐지고, 해면 위에서부터 시작된 구름은 가늘고 길게 하늘 속살을 파고든다. 태양이 지평선 끝으로 훌렁 재주를 넘는 틈을 이용해 구름도 제 몸을 붉게 채색한다. 화려했던 낮의 기억도, 모든 사물도, 사람들도 노을의 여분 속으로 흡수되어 한가지 색으로 점철된다. 빛이 나거나 어둡거나 상관없이 그렇게 매 순간 모든 것이 사라지고 탄생한다.
 배가 너무 고파 찾아낸 해산물 전문 요리 레스토랑 내부엔 수십 년은 됨 직한 올리브 나무가 그 중앙을 차지하고 있다. 그런데 속이 편치 않다. 카사블랑카 시내를 돌아다니며 보았던 토사물과 당나귀 똥 따위의 냄새가 이

미 위장을 뒤집어 놓은 모양이다. 그 비싼 음식 앞에서 난 토하고 싶다는 생각만 가득하고 결국 생선 한 토막 먹는 것으로 저녁 식사는 끝이 났다.

여기가 세상의 끝이라도 좋을 만큼 노을은 절정으로 치닫는다. 하늘에서 용암이 분출되어 바다로 흘러내리는 것 같은 카페 유리창 너머 대서양의 숨 막히는 풍경 앞에서 할 말을 잊는다. 영화 속 주인공처럼 우아하게 와인을 마셔보겠다며 하우스 와인 한 잔을 주문한다. 그렇지만 코에 대기도 전에 역하게 올라오는 향에 결국 화장실로 달려간다. 카페 주인은 속을 달래 줄 거라며 커다란 유리잔에 풀잎처럼 생긴 마른 약초를 넣고 뜨거운 물을 부어 준다. 마시고 오분쯤 지나니 신기하게도 속이 가라앉는다. 스웨터를 걸치고 해변을 걷는다.

내가 살던 시간과 세상은 연기처럼 사라져 버렸다. 대서양 바람이 여행자의 몸을 차 안으로 밀어 넣고, 한 조각 어스름이 차창에 부딪힐 때 의식은 경계를 넘어 무아지경에 이른다. 카사블랑카에서 마라케시로 이동하는 길 위에 길고 낯선 어둠이 따라붙는다.

2. 겨울 아틀라스

마라케시의 아침 정경

장작개비가 타는 것처럼 '타닥타닥' 소리에 잠이 깨니 새벽 4시였다. 난방 시설이란 게 아예 없다 보니 두꺼운 담요를 세 겹이나 덮고 잤는데도 한기가 느껴진다. 욕실은 샤워란 게 사치일 정도로 환경이 열악했고, 욕조라고 만들어진 손바닥만 한 공간은 타일로 네모반듯하게 5cm 정도 높이의 턱을 만들어 쌓았다. 겨우 엉덩이 하나 들여놓기도 좁을 정도로 작은데다 바닥엔 배수구가 따로 없어 일일이 걸레로 닦아 물기를 없애야 한다. 물은 당연히 사방으로 튀고 흐른다. 게다가 찬물만 나와 물을 데우기도 귀찮아 고양이 세수만 한다. 변변한 가재도구 하나 없는 썰렁한 주방, 찌그러지고 볼품없는 알루미늄 냄비에 물을 붓고 끓인다. 커피잔으로 쓸만한 것도 딱히 없어 유리잔에 커피를 탄다.

문득 커피에서 비 냄새가 났다. 새벽은 커피 향에 숨어 포복하는 자세로 조심스럽고도 농밀하게 다가왔다. 주방 가림막 비닐을 밀친다. 까만 콜타르 위를 통통 튀어 오르는 빗방울. 사그라지지 않는 도시의 불빛에 반사된 그것은 마치 숲속 요정들이 흘려보낸 향유香油처럼 빛났고, 경쾌한 말발굽 소리와 함께 사방으로 튀어 올랐다. 물웅덩이에 고인 빗물은 남겨진

변두리 마을의 풍경과 고요를 담아낸다. 물장수의 방울 소리가 이내 고요를 헤집고, 자동차의 경적警笛과 개 짖는 소리에 놀란 새벽이 황급히 달아난다. 우산을 쓰고 자전거를 타고 달리는 생기 넘치는 여인 뒤로 물안개가 피어올랐고, 건너편 아파트 옥상 빨랫줄에는 미처 걷지 못한 이불이 무겁게 늘어져 있다.

　여행 메모를 하다 멸치와 다시마 북어를 넣고 육수를 우려낸다. 떡국을 끓일 생각이다. 일행의 게으름에 갑갑증을 느끼던 나는 (아니 새벽부터 내가 설치는 게 맞다) 밖으로 나온다. 경계심을 풀고 동네 사람들에게 손을 흔들며 인사하는 여유까지 생겼다. 일찌감치 문을 연 상점(아파트 1층 현관 바로 옆에 붙어 있는 잡화점 같은 곳)에서 밀가루를 산다. 김치전을 부쳐볼 생각이다. 여기서도 일상을 벗지 못하고 여전히 마음이 바쁜 나는 끓여 둔 떡국이 불어 터질까 걱정한다.
 자전거 안장 위로 엉덩이를 쳐든 남자가 블라블라 소리치며 지나갔고, 달리는 자전거 바퀴에 치인 빗물이 사납게 튀어 올랐다. 점토를 물에 이겨 만든 건물과 성벽 때문에 붉은 도시로 불리는 마라케시. 비에 젖은 건물은 더욱 붉어졌다. 자동차 한 대가 조심스럽게 달리기 시작했고, 천천히 그 뒤를 쫓는 마차는 시간을 밀어낸다. 칙칙한 질레바를 입은 남자가 당나귀를 끌고 골목으로 사라질 즈음 그의 옷자락에 시간이 감겨들고, 나의 의식은 종횡무진 시공을 넘나드는 몽롱함에 빠져든다.

산딸기 파는 아이들

아틀라스로 떠나기 전에 동네 카페에서 따끈한 민트 차를 마신다. 붉은색 아치형 문을 통과할 때마다 전혀 다른 모습으로 펼쳐지는 매력적인 도시, 여행자의 마음을 빼앗는 도시다. 풍경을 담아내기 위해 여러 번 차를 세웠다. 노점에서 파는 오렌지와 만다린은 천 원어치만 사도 한 보따리다. 톡톡 터지다 못해 흘러내리는 과즙에 여러 번 탄성이 터진다. 둥치 굵은 유칼립투스 나무와 거대한 선인장, 그리고 오렌지 나무와 올리브 나무가 주를 이루는 서대한 평원을 지나 구절양장 구부러진 협곡을 따라 달린다. 집채만 한 구름이 지상에 닿을 듯 내려앉아 달리는 차 앞유리창에 부딪혀 깜짝깜짝 놀란다. 당나귀 수레에 나뭇짐을 싣고 걷는 소년을 찍기 위해 애를 쓰다 그만둔다. 사진에 집착하는 내가 스스로 무안했기 때문이다.

아틀라스 산맥 중턱에 알록달록 예쁜 기념품을 카펫에 늘어놓고 판매하는 상인들과 낙타를 보고 차를 세운다. 그런데 다른 낙타와 달리 앞다리 하나와 목이 드럼통에 묶인 채 고통스러워하는 한 마리의 낙타를 보고 질겁을 했다. 다리만이라도 풀어주는 건 어떤가 제안했지만, 저항이 거세 난동을 펴 어쩔 수 없다는 대답이다. 내 눈에는 동물 학대로밖에 보이지 않아 보는 내내 마음이 불편했다. 쉽게 생각하고 낙타 등에 올라탔다 기절하는

줄 알았다. 낙타가 일어서는 순간 눈으로 보는 것과 다른 실제 높이가 주는 공포감은 대단했다. 거대한 구름이 두 조각 나며 건너편 하이 아틀라스의 웅장한 모습을 살짝 보여주고 다시 뭉친다.

목적지가 가까워질수록 길은 더욱 좁아지고 경찰들도 더욱 촘촘히 경계를 선다. 군인들도 합세했다. 폭이 좁은 왕복 2차선 도로 아래 수직 절벽을 타고 쌓인 눈이 빙벽을 만들었다. 꽤 오랜 시간을 달렸고, 본격적으로 아틀라스 산맥이 시작되는 입구엔 군인들의 경비가 더욱 삼엄했다. 겨울에는 눈이 많이 쌓여 출입이 거의 통제된다는데 우린 아무래도 전생에 나라를 여러 번 구한 모양이다. 손에 꼽을 정도로 몇 날 안 되는 좋은 날씨 중 오늘이 그날이라니 말이다. 수공예품을 파는 여인의 화려한 옷자락에 바람은 얼굴을 묻고, 살구색 질그릇 몸통에 몸을 비빈 후, 자작나무 마른 이파리에 눌러앉는다. 여과 없이 내리쬐는 태양을 핑계로 원 없이 제 몸의 색을 드러낸 알록달록 예쁜 집에 시선이 머물고, 파랗고 노란색 대문 밖에서 여행자를 구경하는 사람들을 구경한다.

　영혼을 지키기 위한 베르베르족 여인들의 저항은 거셌다. 어린 소녀들조차 산딸기 바구니를 들고 뛰어오다가도 누군가의 렌즈가 자기를 향하는 순간 번개처럼 고개를 돌린다. 어디서 쏟아져 나오는지 달리는 차를 따라오며 산딸기 바구니를 들이미는 아이들. 모하메드는 단호하게 '노!'라 외치는데, 너무 야박하다 싶어 한 바구니 사려고 손을 뻗치는 나를 제지한다. 달려드는 아이들을 감당할 수 없다는 게 이유였다. 차를 잠깐 세웠는데 사방에서 튀어나와 전력 질주하는 아이들은 금시 우리를 둥글게 에워쌌고 함부로 차 문을 열고 소지품을 이것저것 만진다. 호기심이 물욕으로 변해 혹 사고라도 날까 싶어 아이들을 향해 나도 단호하게 노! 라 외친다.
　그리고 제일 어려 보이는 여자아이와 기침을 하는 남자아이 바구니에 든 산딸기를 산다. 부러운 눈빛을 보내는 아이들에게 동전을 나누어 줄까 생각하다 주머니를 닫는다. 어쩐지 그것은 아이들을 망치는 일 같았기 때문이었다. 산딸기 맛은 밍밍했고 씨는 또 얼마나 많고 딱딱하던지 결국 오물거리다 뱉어버리고 말았다.

물아일체物我一體

 산맥 중턱쯤 이르니 고막이 막히며 약간의 두통과 어지럼증이 동반되었다. 천천히 걸으며 고산의 기운을 잠재우고 흙벽으로 만든 집에서 모로코 전통음식을 만들어 파는 베르베르족 남자를 만난다. 그 집 마당에는 지나는 여행객을 위해 아틀라스 산맥에서 흐르는 물을 먹을 수 있도록 수도관을 설치했는데 물이 정말 달고 맛있었다.

 베르베르족 중에서도 아주 부유한 집이라는데 세상과의 소통을 위해 하루에 서너 명의 사람에게만 음식을 만들어 팔며 정보를 얻는다고 했다. 어디서 나타났는지 살집 좋고 험상궂게 생긴 중년의 남자는 여럿 아이 중 유독 한 명의 소년에게만 호통치며 심부름을 시킨다. 소년의 등을 두드리며 말을 걸어보았지만, 주눅이 든 소년은 남자의 눈치를 보다 도망친다. 홍차를 주문한다. 아틀라스 산맥중턱에서 마시는 뜨거운 홍차 한 모금, 그것은 내가 꿈꾸던 물아일체物我一體를 깨닫는 순간이었다.

 환시일까. 보랏빛 히잡을 쓰고 걸어오는 소녀의 미모는 진정 비현실적이다. 눈으로만 담기엔 한계가 있어 처음으로 사진을 찍고 싶다고 사정하나 단호하게 '노!'다. 아버지로 여겨지는 남자가 한번 찍게 해주라 해도 소녀의 태도는 바늘 하나 비집을 틈 없다. 여행하며 처음으로 아쉬운 마음이 들었고, 그 마음을 안은 채 일어섰다.

협곡으로 이어지는 산 중턱에 우뚝 선 모스크는 자연과 일치되어 그 아름다움의 깊이가 더해진다. 자작나무 가지에 앉아 놀던 바람이 일어서고, 나무는 마른 이파리를 뒤집어 흔든다. 그것은 마치 잡히지 않는 바람을 향한 서러움 같았다. 갑자기 늘어난 차와 인파로 길은 북적이고 새파란 하늘과 맞닿은 놀랍도록 하얀 설원과 마주한다. 총천연색 옷자락을 나부끼며 걷는 흰 말의 도도한 발걸음과 펄럭이는 초록색 모로코 국기, 스키 장비를 들고 걷는 사람들, 그 앞에 펼쳐진 만년설의 자태는 신의 옷자락을 펼친 듯 천상의 경계를 넘어섰다.

호메로스의 작품에서 아틀라스는 하늘과 땅 사이를 받치는 기둥을 버티고 있는 존재로 나온다. 그리스의 시인 해시오도스에 따르면, 아틀라스는 티탄족의 한 사람으로 제우스와의 전쟁에 참가했다가, 천계를 어지럽힌 죄로 어깨로 하늘을 떠받치는 벌을 받게 되었다고도 전해진다. 세계지도 자체를 아틀라스Atlas라 부르는 까닭도 거기에 있다.

붉은빛 유혹

 빙빙 달팽이관이 돈다. 내리꽂는 광선으로 희다 못해 까무룩 정신을 뒤로 넘길 것처럼 새하얗게 빛나는 설원은 경이로움과 두려운 마음이 동시에 들게 했다. 초록별이 그려진 붉은 깃발이 바람에 펄럭거렸고, 스키 장비를 신거나 손에 든 사람들은 설원으로 향했다. 여자친구에게 스키 타는 법을 가르치던 청년이 뒤로 나동그라지고, 새하얀 말 등에 올라탄 소년의 웃음소리가 낭랑하게 메아리친다. 둥그렇게 둘러앉아 밀크티를 끓이던 남자 중 한 명이 차를 권한다. 쪼그려 앉은 채 아틀라스 산맥의 바람을 섞어 마시는 따끈한 밀크티 한잔, 세상 부러울 것이 없다.

 파랗고 하얀 자루에 담긴 호두는 손님을 기다린다. 노란색 질레바를 입은 남자는 알록달록 예쁜 과일을 손수레에 얹어 팔고, 그 옆에서 석류를 착즙 해 파는 남자에게 주스 한 잔을 주문한다. 터진 과육 사이로 보이는 붉은 빛 석류알은 치명적이다. 껍질을 벗겨내고 착즙 한 주스를 유리잔에 담으니 그 빛은 농염하다 못해 고통을 훑어 만든 슬픔처럼 보였다. 새하얀 설원을 향해 치켜든 유리잔에서 붉은 액체가 한 모금 두 모금 입안으로 흘러들었고, 새콤하고 달콤한 맛이 섞여 정점을 찍으니 아찔한 현기증이 솟는

다. 흡입하듯 들이켜고 한 잔을 더 주문한다.

　빈속에 산이 강한 주스를 두 잔이나 마셨으니 온전할 리가 없다. 온몸이 부르르 경련이 일며 장이 뒤틀리고 식은땀이 나더니 금방이라도 기절할 것처럼 고통스러웠다. 과일을 팔던 남자는 서둘러 마른 이파리를 넣고 뜨거운 물을 부어 얼른 마시라며 권한다. 혈관의 흐름이 멈춘 것처럼 손발이 차가워졌고, 서늘하고 음산한 기분에 몸서리를 쳤다. 벌컥벌컥 차를 마셨고, 면도칼로 긁는 것처럼 소름 끼치던 통증이 가라앉았다. 붉은빛 유혹도 사라졌다.

아틀라스 산맥을 바라보며 먹는 따진 맛

 새벽에 떡국 한 그릇 먹고 내내 아무것도 먹지 못했다. 시간은 벌써 오후 두 시를 넘겼다. 천국보다 아름다운 카페가 있다 해서 온갖 상상을 다 했건만 카페 비슷한 건물도 보이질 않는다. 탄수화물 부족인지 수전증처럼 손이 떨리고 눈앞에 별이 반짝거렸다. 카페고 뭐고 뭐라도 배를 채웠으면 좋겠다는 생각에 음식을 파는 곳이 있으면 무작정 들어가기로 했지만 한 시간 이상 달려도 설원과 산딸기 파는 아이들뿐. 밀려오는 피로감에 다들 말이 없어지고 나는 또 졸다 깜빡 넘어간다.
 '덜컹' 차체가 한쪽으로 기우는 느낌과 함께 요란하게 떠드는 소리에 잠이 깼다. 올라올 때 들렀던 베르베르족의 집이다. 음식을 만들어 줄 수 있냐 물으니 딱 두세 명 정도 먹을 재료가 남았다며 전통음식 따진tajine을 만들어 주겠다고 했다. 인심 좋은 아저씨는 행여 우리가 추울까 봐 집 안으로 들어가라 했지만, 아틀라스 산맥 중턱에서 따진을 먹을 수 있는 인생의 한 번뿐인 기회를 놓치고 싶지 않았다.

 고깔모자처럼 생긴 질그릇에 감자, 옥수수, 당근 등을 넣고 양고기와 함께 화덕에 쪄낸 따진 맛은 담백하고 깔끔했다. 구멍이 숭숭 뚫린 빵에 올리브유를 듬뿍 발라 홍차를 곁들여 아틀라스 산맥을 바라보며 먹는다. 구박을 받던 소년이 꽁꽁 언 손으로 부지런히 음식을 나른다. 내오는 족족 음식은 식었지만, 코끝으로 달려드는 알싸한 기운을 섞어 먹는 음식은 천상의 맛과 견주어도 될 만큼 환상적이었다. 베르베르족 아저씨는 뜨거운 홍차를 여러 번 끓여 내주었다. 산맥의 차가운 바람이 등을 비비고 화덕의 불이 스러질 즈음 우리의 식사도 끝이 났다. 남은 홍차 한 모금을 입에 가둔 채, 혀끝으로 입천장에 바르며 눈부시게 빛나는 아틀라스 설원을 바라본다.

갑자기 나타나 요란스럽게 인사를 나누던 대여섯 명의 여인들이 '살라말리콤' 인사를 건넨다. '말리콤살라' 화답하니 손가락으로 우리를 가리키며 배꼽을 쥐고 웃는데 이유를 모르겠다. 구박을 받던 소년은 다시 부지런히 우리 식탁을 오가며 따끈한 홍차와 빵을 더 내놓는다. 배는 부르고 두둑한 인정을 차마 물리치기 난감한데 눈치 빠른 모하메드가 빵을 배낭에 얼른 집어넣는다.

*베르베르족은 모로코, 알제리, 튀니지, 리비아, 이집트 등지에 흩어져 살았다. 원래 북아프리카는 로마의 식민지였고 7세기에는 아랍인들의 침략을 받았지만, 베르베르족들은 대체로 독립을 지켜왔다. 그러나 12세기에 아랍계 배두인족이 침입해 농촌 경제를 파괴하자 정착해 있던 수많은 베르베르족은 유목민이 되었다. 현대에는 대다수가 스페인, 프랑스 등지에서 이민 노동자로 살아가고 있다.

알라딘의 요술램프 탄생지

 빠르게 낮아지는 기온에 서둘러 일어선다. 베르베르족 아저씨는 아쉬운지 자꾸 말을 붙였다. 다음 여행 때도 꼭 들르라는 말은 진심 같았다. 마라케시 시내에 도착해 세차장에 차를 맡기고 제마 엘프나 광장을 향해 걷는다. 카사블랑카와 라바트 다음가는 제3의 도시로 1062년에 베르베르인이 건국한 알모라 비데 왕국의 수도로 건설되었으며 페즈 다음가는 오랜 역사를 자랑하는 도시다
 알라딘의 요술램프가 탄생했다는 광장은 동화 속 이야기가 그대로 튀어나온 것 같다. 쇠말뚝 하나에 몸을 의지한 채 묘기를 부리는 소년, 원숭이 손을 잡고 돈을 요구하며 사진 찍기를 강요하는 남자, 요술피리 장단에 꿈틀대는 무시무시한 코브라, 사진을 찍기 위해서 200디르함의 돈을 건넨다. 나는 다만 사진을 찍으려던 것이었는데 남자가 코브라를 집어 내 목에 감으려 해 괴성을 지르며 주저앉았다.
 구름처럼 몽실하니 뭉쳐 밀려가고 밀려오는 사람들, 붉은색 도시를 밝히던 조각 햇살이 모스크 지붕에 걸쳤다 사라진 후 광장은 마치 일식 현상이 일어난 것처럼 펼쳐 둔 햇살 위로 넓고 긴 그림자가 겹쳤다. 뒷걸음질치던 햇살이 빠른 속도로 달아나다 흘린 빛 한 조각이 천연물감 자루에 숨는다.

 색채의 나라답게 알록달록 선명한 원색으로 여행자의 시선을 끄는 풍경에 끌려 걷는다. 인간과 조화를 잘 이루며 살아가는 고양이의 한가로움에 낯인 시간은 천천히 흐르고 있다.

 갑자기 갖고 싶은 걸 말하라는 모하메드, 유독 내게만 관심을 보여 은근히 신경이 쓰인다. 아니 대수롭지 않은 친절에 나 혼자 넘겨짚는 일인지도 모른다. 자루에 담긴 천연물감 색채에 반해 상점 앞에 쭈그리고 앉아 있는 나를 부르는데, 부담스러운 마음은 바로 헛헛한 웃음이 되어버렸다. 내게 필요치도 않은 깃털이 달린 실로 만든 2디르함짜리 팔찌 한 개를 사주며 어찌나 생색을 내던지, 실망하는 나는 은근히 기대했던 모양이다. 팔찌는 손목에 걸자마자 '툭' 끊어져 버렸다. 큽큽.

미세한 어둠이 간격을 좁히며 다가올 때 우리는 시장 한 귀퉁이 프랑스인이 경영하는 자그마한 피자집에서 케밥처럼 생긴 피자를 게눈 감추듯 한 판씩 먹어 치웠다. 물결처럼 출렁이는 사람들 머리 위로 까만 어둠이 쏟아져 내리고 그 어둠을 가로챈 불빛은 출렁거렸다. 밤을 경계하던 시간도 부지런히 새벽을 쫓는다.

3부
천년의 시간을 걷다

베니멜랄

 미들 아틀라스 산맥 기슭에 걸쳐있는 내륙의 중심 도시 베니멜랄은 모로코에 대한 상상을 뛰어넘는 아주 특별한 여행지였다. 카메라 배터리가 필요하다는 일행의 부탁에 모하메드는 우리에게 보여 줄 깜짝 놀랄만한 장소가 있다며 수선을 떨었다. 그곳을 여행한 후 마트에 들르자는 제안은 솔깃했다. 코트를 걸치지 않아도 좋을 만큼 날씨는 포근했고 햇살은 눈이 부셨다. 얼마쯤 달리다 산기슭 중턱에 우뚝 선 붉은 성벽이 눈에 들어왔고, 현실감 없는 아득한 아름다움에 꿈인가 잠시 착각이 들었다. 왕좌의 게임에 등장하는 요새가 떠올랐고, 시간은 훨씬 뒤로 밀려난 느낌이었다. 언덕을 따라 성벽 가까이 다가간다. 성벽 아래로 내려다보이는 베니아미르 대평원은 고요했고 침착하며 아름다웠다. 마라케시와 카사블랑카를 잇는 도로가 나 있는 베니멜랄은 교통의 요충지로서도 손색이 없을 것 같았다.

 성벽 난간에 앉아 있으니 바람이 몹시 불었고, 바람에 흩날리는 내 머리카락을 히잡을 쓴 모로코 여인 세 명이 바라보는 것처럼 느껴졌다. 세상에서 완전히 격리된 듯한 외로움과 자유로움이 동시에 달려들었고, 그것은 어느 한쪽에도 치우치지 않을 만큼 비슷한 무게였다. 나는 한기가 느껴질

때까지 앉아 있다가 젊은 남녀 한 쌍이 내가 앉은 자리를 탐하는 걸 알아채고 주저 없이 일어섰다.

　광장 한복판을 햇살이 차지했고, 화려한 문양의 알록달록한 옷을 입은 당나귀는 목줄이 바짝 묶인 채, 하염없이 성벽만 바라보아야 하는 신세였다. 물 한 그릇 챙겨주지 않은 당나귀가 자꾸 마음이 쓰여 말을 걸어보았다. 성 아래 대지는 더욱 온화하고 다정해졌다. 베니멜랄은 정원이 아름답기로도 정평이 나 있는데, 겨울이라서인지 정원에 대한 기대는 엇나갔고 다만, 알록달록 다양한 색상의 꽃과 나무들이 삭막함을 잊게 해 주었을 뿐이다.

　갑자기 화장실이 급해 동동거리는데, 그 누구도 시원하게 안내를 못 한다. 그때 히잡을 쓴 여인이 뒤뚱거리며 달리기 시작했고, 직감적으로 화장실 가는 걸 알고 나도 따라 뛰기 시작했다. 그 여인은 손가락으로 나를 가리키며 큰소리로 웃었고. 우리 둘은 동시에 치타처럼 달렸다. 그리고 그녀는 빈 화장실에 나를 먼저 밀어 넣었다.

 먼발치로 바라보이던 성은 태양 품에 안겨 마법처럼 사라졌다. 인생도 한순간의 꿈처럼 소멸이 될 테다. 소유하려 할수록 일장춘몽 一場春夢에 가까워질 터. 베니멜랄 성벽 난간에 불던 바람의 기억은 다음에 이어지는 여행지와 사뭇 결이 다른 느낌으로 오래도록 둥지를 틀었다. 우린 엄청나게 큰 마트에 갔고, 과일을 잔뜩 샀다.

아무거나 인샬라

 마라케시에서 맞는 두 번째 아침이다. 어제저녁 마르잔에서 사온 쌀로 밥을 지어보려 하나 찰기가 없는데다 취약한 주방 시설과 익숙하지 않은 재래식 방법에 결국 삼층밥을 만든다. 말린 베트남 고추와 시래기 삶은 것을 멸치 듬뿍 넣어 우린 육수에 넣고 된장을 푼다. 계란 프라이와 김치, 깻잎, 올리브와 커피, 머나먼 타국, 그것도 북아프리카 모로코에서 홈스테이를 하며 아침밥을 지어 먹을 줄 상상이나 했을까. 물을 데워 고양이 샤워를 하고 찬물로 머리를 감는나. 온몸에 짜릿한 전류가 스친다. 진수성찬이다. 된장 국물 한 숟가락에 콧날이 매콤해져 온다. 이곳 사람들은 주말에는 여행을 떠나거나 고향의 부모님을 찾아뵙는 일로 소일하기 때문에 여행객을 위해 아파트를 빌려주는 것은 아주 흔한 일이다.

 오늘은 장거리 여행이라 물과 간식을 미리 든든히 챙겨두었다. 우리 동네처럼 익숙해진 마을을 벗어나 도심으로 접어든다. 웅성거리는 인파, 영락없는 사고 현장이다. 젊은 여자 한 명이 피를 흘리며 누워있고 아무런 조치도 없이 사람들은 여인을 바라볼 뿐이다. '인샬라' 처한 상황에서 최선을 다하고도 어쩔 수 없는 일이라면 모를까 모든 것을 신의 뜻이라 여기는 그

들의 사고에 공감하지 않는다는 모하메드는 조심하지 않는 사람들을 향해 '크레이지!'라고 외친다.

  신호 대기에 걸리거나 정체하는 차들 사이를 비집고 염치도 체면도 없는 어린아이와 젊은 여인 그리고 노인이 창문을 두드리며 노골적으로 구걸한다. 아무것도 안 하고 남의 지갑에서 돈을 빼가려는 일부 모로코인들의 나약한 정신을 증오한다며 필요 이상으로 화를 내는 그가 왠지 짠하다. 이방인이 느낄 모로코에 대한 이미지를 자신만이라도 개선해 보려는 의지처럼 보였기 때문이다.

내가 홀린 도시에 잠든 슬픔

 붉은색 아치형 문을 통과할 때마다 펼쳐지는 180도 다른 얼굴을 가진 도시, 민낯이 더 아름다운 마라케시에 홀린 여행자의 만 가지 생각은 침묵한다. 복잡한 도시를 벗어났고 몇 개의 구릉을 넘는다. 산 중턱엔 베르베르족과 집시들, 그리고 가난한 사람들이 거주하는 스몰빌리지 타운이 띠처럼 형성되어 있다.
 민가 하나 없는 허허벌판, 낡고 허름한 옷에 신발도 신지 못한 까만 피부의 아이들이 갑자기 뛰어나와 손을 내민다. 알제리나 튀니지 등에서 밀입국한 아이들인데, 로드킬을 당하거나 길거리에서 구걸하며 지내다 죽는 경우가 많다고 한다. 배낭을 열어 빵을 꺼내려는 내게 벼락 치듯 '노! 네버!' 소리치는 모하메드. 놀란 나는 무안해 몸 둘 바를 모르는데 금방 이유를 알고 말았다. 아이들은 나타나고 또 나타났다. 형광등 불빛 아래 누운 환자의 창백한 얼굴처럼 들판은 적요하다. 허망하게 자동차 뒤를 쫓는 아이들의 눈빛은 이미 초점을 잃었고, 먼지바람 속으로 끝내 사라져 버렸다.

 척박하거나, 비옥하거나, 복잡하거나, 단순하거나, 그들의 삶 속엔 언제나 모스크가 존재한다. 어떤 환경에서도 푸른색 지붕과 하얀 몸통의 모스크는 그들의 정신을 지배하고 삶을 풍요롭게 만드는 무조건적 사랑처럼 여겨진다. 지난해 가을에도 달렸다. 둥치 굵은 유칼립투스와 하늘을 찌를 듯 거대한 선인장이 가로수처럼 즐비한 이 길을.

 젊은 남자는 당나귀 등에 신세를 지는 것도 모자라 채찍질을 하고 늙은 당나귀는 허연 거품을 뿜는다. 제 몸보다 큰 나뭇짐을 등에 지고 가던 소년은 카메라를 의식하고 거칠게 항변한다. 나는 카메라 렌즈를 덮고 의식의 초점으로 사물을 접사한다. 수십 마리의 양 떼를 몰고 차도를 가로질러 들판을 향하는 소년 목동에게 몇 푼의 디르함을 건네고 사진을 찍는다. 양털 옷을 겹겹이 두른 소년의 할아버지는 단호하고도 강한 어조로 거부한다. 척박하고 메마른 땅에서 풀 한 포기라도 찾아보려는 양 떼의 목마름이 애처로운데, 할아버지는 그들을 재촉하며 지팡이로 힘껏 세월을 밀어낸다.

여행을 일처럼 하는 사람들

 마른 하품을 하며 모하메드는 제일 먼저 타이어 점검을 한다. 늦은 점심을 먹기 위해 휴게소 내에 있는 음식점으로 들어간다. 메뉴를 선택하지 못하는 내게 음식점 남자는 양고기를 먹어보라 권한다. 냄새는커녕 향이 난다며, 안 먹으면 후회할 거라며, 그것도 평생. 그 말에 용기를 내본다. 홍차, 계란반숙, 올리브, 올리브오일, 꿀, 빵, 버터가 세팅되고 마지막으로 떡갈비 모양의 커다란 양고기 스테이크가 나왔다. 긴장하며 한입 베어 물자 '차르륵' 쏟아지는 육즙, 나는 말없이 그리고 가장 빨리 접시를 비웠다.
 양고기와 갖은 채소를 잘게 다져 그들만의 양념으로 버무려 기름에 튀겨낸 것인데, 냄새는커녕 양고기의 육즙과 채소의 수분이 그대로 남아 입안에 팡팡 터졌다. 꿀꺽 침 넘어가는 소리가 민망할 지경이었는데 식성이 까다로운 K 언니가 다 웃었다. 그 큰 스테이크가 눈 녹듯 사라졌고 몸도 마음도 따뜻해졌다.
 시도 때도 없이 커피를 챙겨 마시는 내게, 한국 사람들은 짜고, 맵고, 뜨거운, 나쁜 음식을 빨리빨리 먹는 습관이 있다며 모하메드는 갖은 잔소리를 늘어놓는다. 암에 걸리고 싶지 않으면 조심하라며. 아틀라스에서 빈속에 석류 주스를 두 잔이나 마시고 위경련으로 몸부림치던 내가 몹쓸 병이

있는 줄 알았던 모양이다.

그는 내친김에 잔소리 한 숟가락을 더 보탠다. 세상에서 한국 사람들이 여행을 제일 바보같이 하는데, 그 많은 돈을 들여 그 먼 땅에 와서, 새벽 5시부터 빨리빨리 밥 먹고, 빨리빨리 사진 찍고, 빨리빨리 돌아간다며 여행이 아니라 여행 일을 하러 온 사람들 같다고. 충분히 잠을 자고 일어나 천천히 먹고 마시며 쉬엄쉬엄 자신을 위해 시간을 써보라고. 인생은 이래도 저래도 흘러가고야 마는 거라며.

휴게소 바로 옆 툭 터진 건물 안에서 들려오는 경전을 낭독하는 소리가 반야심경 독송 소리처럼 들린다. 우리나라 성당 공소처럼 여행자들을 위해 지은 작은 모스크다. 풀섶을 베고 누운 바람이 간지럼을 태우는 들판 위로 햇살이 가만히 손을 얹는다. 기웃대던 봄기운이 슬쩍 발을 집어넣다 말고 냅다 도망친다.

모로코 경찰에게 잡히다

우리가 달리는 마라케시 도로 맞은편 예쁜 철길 위로 굉음을 울리며 기차가 달려온다. 카메라를 들고 차창 밖으로 몸을 내민다. 렌즈 속엔 기차와 교통경찰이 함께 들어왔고 나는 여러 번 셔터를 눌렀다. 시내에도 변두리에도 성가실 정도로 많은 경찰 때문에 신경이 쓰이는 건 사실이다. 의사 앞에 앉으면 생기는 백색 가운 공포증처럼 그들이 반갑지 않은데, 갑자기 경찰이 우리 차를 세웠고, 모하메드는 죄인처럼 머리를 조아리며 나갔다.

경찰은 나를 '콕' 집어 불렀고 겁에 질린 나는 내가 맞냐 재차 묻는다. 아무 걱정하지 말고 나오라는데 아무 걱정이 막 된다. 땀에 젖은 손을 코트에 슬쩍 닦고 경찰 앞으로 다가간 나는 활짝 웃는다. 통통한 체구에 앳된 얼굴이지만 눈매가 여간 날카로운 게 아니다. 카메라를 달라며 걱정하지 말라는 모하메드가 눈빛으로 '안 찍었지?'라고 보내는 시그널을 알아챘고, 내 머릿속은 복잡한 세상으로 건너갔다.

카메라를 이리저리 만져보던 경찰은 당최 카메라 조작법을 모르겠다는 표정을 짓더니, 내가 찍은 사진을 보여 달란다. 자기를 찍었으면 불법이라며 돈이라도 뜯을 심산인 것 같았다. 이미 차 안에서 그를 찍은 사진을 지운 상태였지만 혹시 하는 불안감은 남아 있었다. 일부러 처음부터 돌려 한국에서 찍은 수백 장의 사진을 천천히 보여주는데. 당황한 경찰은 얼굴이 빨개졌고, 쓸데없이 모하메드와 하이파이브를 하더니 나에게 즐거운 여행 하라며 손까지 흔든다. 경찰만 보면 카메라를 감추는 나는 그때 많이 놀랐던 모양이다.

마라케시를 완전히 벗어났고, 척박하고 무표정한 길이 오래도록 이어졌다. 좀 전의 불편했던 기억도 날아가 버렸다. 과일 노점상에서 오렌지와 만다린을 한 보따리 사 먹고 다시 달린다. 비타민C를 충분히 섭취한 덕분인지 기분도 한결 좋아졌다.

고속도로에 진입하기 전에 마지막 휴게소에 들른다. 해는 이미 중천을 넘어 옅은 그림자를 만든다. 한낮의 따뜻한 기온을 잠재운 바람이 사납게 옷섶을 파고든다. 한기에 몸이 덜덜 떨려 뜨거운 아메리카노 한 잔을 사 들고 휴게소 안으로 들어가 보았지만, 커피는 금방 식어버렸다. 방금 커피를 내려 준 남자가 보자기 같은 것을 들고 소리치며 뛰어다니고, 빗자루를 든 소년도 덩달아 뛴다. 추위를 피해 카페 안을 찾아든 고양이를 쫓느라 그 야단이다. 이슬람교와 깊은 유대관계를 맺고 있는 고양이가 그들에겐 별 의미가 없는 모양이다. 씩씩거리는 두 남자를 조롱하듯 고양이는 테이블 아래를 누비며 다녔다.

해가 지는 나라 알 마그레브*

서편에 한 조각 노을이 걸리고, 이울어가는 하루는 시작부터 황홀했다. 구름이 지상으로 내려와 머리 위에 납작 엎드린다. 끝이 나올 것 같지 않은 광활한 도로를 달리는 차 등에 적막함이 달라붙고, 베니멜랄 고속도로Beni Mellal Highway에 진입한 순간 뒤편이 붉어지며 마치 모든 대자연과 사물이 붉은빛으로 일치되는 것 같은 놀라운 광경이 펼쳐진다.

붉어도 저리 붉을 수가 없다. 차 안은 화염 덩어리가 들어와 이글거리는 것 같았고, 모두의 얼굴도 붉게 타올랐다. 페즈를 향해 달리는 대평원엔 오직 신이 토해낸 붉은 기운만 허락되었을 뿐이다. 내 스마트폰 유튜브 채널에서 영화 〈지붕 위의 바이올린〉 OST 'Sunrise Sunset'이 흘러나왔고, 그 선율은 간헐적으로 여행자의 마음을 흔들었다.

아이들 생각이 밀물처럼 밀려왔고, 문득 까닭 모를 눈물이 쏟아지며 이대로 삶이 멈추어도 원이 없을 것 같다는 생각을 했다. 아니 저절로 그런 생각이 들었다. 나를 옥죄고 있는 것들에서 완전히 해방된 느낌이 들었고, 그 자유로움을 아이들과 함께하고 싶어졌다. 그것도 간절히.

오랫동안 침묵이 이어졌고, 붉은빛과 검은 어둠이 간격을 좁히며 서로를 향해 다가왔다.

그리고 어느 순간 그것은 명백한 어둠으로 바뀌었다. 고속도로 위엔 칠흑빛 정적만이 허용된 것처럼 느껴졌다.

*모로코는 영어식 이름이고 본래 이름은 알 마그레브Al Maghreb이며 '해가 지는 곳'이라는 의미를 지닌다. 아랍 세계의 서쪽 지역에 해당하는 북아프리카 지역으로 지중해와 대서양 사이의 리비아 사막인 서부 사하라를 포함하는 지역이다. 일몰의 작은 반도는 오랫동안 모로코, 알제리, 튀니지를 지칭하는 단어로 사용되었다.

죽음의 질주

하늘과 땅의 경계를 허물며 붉은빛으로 일치되었던 공간이 사라지고, 대지 위엔 길고 검은 휘장이 드리워진다. 숯덩이 같은 밤이 고속도로를 집어삼키니, 갑자기 난폭운전자들의 경기장으로 변했고, 시시각각 충돌의 위험에 온몸이 쪼그라드는 것만 같았다. 가로등 하나 없는 새카만 어둠 속에서 미친 듯 경적을 울리며 추월하고, 추월당하고, 또 추월하는 사람들은 지옥을 향해 질주하는 경쟁자들 같다. 이것도 인샬라인지. 천국과 지옥을 수시로 드나드는 아찔함에 일몰의 황홀함은 사라졌다. 제발 천천히, 안전하게 달리라고 주문을 외듯 달래 보았지만, 걱정하지 말라면서도 자신을 추월한 운전자를 기어코 쫓아가 다시 추월하고야 만다. 페즈에 도착하기도 전에 고속도로 위에서 산산조각이 날 것만 같은 극한 공포에 시달리며 우리는 몇 시간을 계속 더 달려야 했다.

도깨비불처럼 허공에 떠다니는 자동차 불빛만이 유일한 등대가 되어줄 뿐, 사막에 홀로 남겨진 어린양처럼 마음은 쉴새 없이 불안하기만 했다. 아름다운 여행지의 풍경 속을 거닐다 죽거나, 골목 안 예쁜 카페에서 마시던 에스프레소가 너무 맛있어 기절해 죽는다면 몰라도, 북아프리카 고속도로 위에서 과속하는 차끼리 충돌해서 죽는 건 아아, 그건 싫었다. 상상이 도를 넘었고 느닷없이 페즈 이정표가 나타났다. 깊은 한숨과 함께 불안함도 가셨다. 이정표를 보고도 몇 시간을 더 달린 후에야 휴게소가 나타났고 몸이 굳어있던 우리는 비로소 입을 열었다.

"운전하느라 고생하는 건 너무 고마운데 우리 목숨이 몇 개 되는 줄 아나. 미친놈같이 운전을 위험하게 해. 여기서 죽고 싶지 않다고 욕 좀 해."

H 언니는 진심 화가 났는지 표정도 사납게 일그러졌다. 하지만 지친 기색이 역력한 모하메드에게 차마 말을 못 하고, 커피를 사주며 잠시 눈을 붙일 것을 권했다. 그는 타이어 점검을 한 번 더 하더니, 껌을 입안 가득 밀어 넣으며 걱정하지 말라는 말과 함께 다시 운전대를 잡는다. 이정표가 점점 많이 보였다. 고속도로에서 벗어나니 공포감은 완전히 사라졌고, 변두리 시골 풍경을 몇 번 더 스친 후에 도심으로 진입한다. 출렁이는 불빛과 느려터진 자동차 행렬이 그리 반가울 수가 없었다.

아직도 한 시간을 더 달려야 한다는데 시간은 벌써 밤 9시를 넘겼다. 배는 고픈데 얼른 숙소에 도착해 널브러져 쉬고 싶은 생각뿐. 지루해 미쳐버릴 것 같다고 생각할 때 갑자기 페즈 시내로 들어섰다. 이미 음식점은 모두 문을 닫았고 24시간 운영한다는 맥도널드에 도착했지만 정작 입을 벌릴 기력들도 없는지 빨리 숙소에 가자며 재촉하는 바람에 햄버거 4개를 테이크아웃했다.

아아 패즈 Fez

　페즈 시내의 허름한 주차장에 도착해 자동차 시동을 끄고 난 후에야 세상의 모든 소란이 정지된 것처럼 일순간 고요가 휘몰아쳤다. 오른손 가운뎃손가락이 절반쯤 잘려나간 주차 관리 아저씨가 환영한다며 활짝 웃는데, 다 빠지고 남은 두 개의 누런 앞니는 여행자의 마음을 무장 해제시키기에 충분했다. 메디나 방향으로 구부러진 황토색 길을 이백 미터쯤 걸어 올리브 나무가 그림처럼 서 있는 곳에서 멈춘다. 천 년 전에 지은 건물의 늙은 벽 사이로 난 골목은 우물처럼 싶어 보였고, 가로등 불빛이 만든 옅고 진한 두 개의 동그라미가 마치 달무리처럼 골목 바닥에 엎어져 있다. 몇몇 소년이 공을 차며 골목으로 튕겨 나왔고, 한 소녀가 달무리 안에 들어가 쪼그리고 앉는다. 명랑하게 뛰어놀던 아이들 소리가 잦아들자 이내 밤의 정령이 그 골목을 차지했다.
　광활한 대평원을 가로지르며 목숨을 담보하고 달리던 시간의 아찔함은 깊고 좁은 골목 안에 발을 들여놓으면서 완전히 사라졌다. 갑자기 비쩍 마르고 키가 큰 여러 명의 벨보이가 나타나 낚아채듯 여행 가방을 끌고 성큼성큼 걸어간다. 9세기 때 지어진 건물을 호텔로 개조해서 만들었다는 곳이 오늘 우리가 묵을 숙소다. 미로처럼 휘어진 골목, 행여 길을 잃을까 뒤

를 돌아본다. 에메랄드 불빛이 새어 나오는 골목 끝에서 육중한 철문을 마주한다. 고개를 뒤로 젖히고 올려다봐야 할 만큼 높은 문 앞에서 살짝 주눅이 들었다.

Riad Ibn Khaldoun Hotel

벨을 누르니 호텔 주인 여자가 호들갑을 떨며 여행객을 맞이한다. '리아드 이븐 칼도운 호텔'이다. 여기도 색채의 천국이다. '젤리지'라 부르는 모로코 전통 타일을 기하학적인 무늬로 하나하나 조합해 장인의 손에 의해 만들어져 골목과 거리, 집안 벽면 등을 장식하는데, 이슬람풍 모자이크 건축양식으로 치장한 호텔은 놀랍도록 아름다웠다. 나선형 계단을 벨보이를 따라 오른다. 숙소 방문을 여는 순간 깜짝 놀랐다. 고대 로마 영화에나 나올법한 화려한 침대와 높은 천장, 고풍스러운 가구와 촛대. 나는 대체 전생에서 얼마나 착한 일을 많이 한 걸까. 여기는 천년의 도시 페즈다.

와인 잔에 담아 온 청년의 마음

　나의 시간은 천 년쯤 뒤로 물러났다. 침대에 대자로 눕는다. 몸은 하염없이 늪으로 빠져드는데 누워서 바라보는 천장이 밤하늘 같다는 생각을 했다. 아파트 3층 정도 되는 높이에서 느껴지는 이질감 때문일까. 천 년 전 건물을 개조해 만들었다는 호텔은 21세기 느낌은 그 어디에도 없다. 나른함이 눈꺼풀을 덮는데 굵직한 남자 목소리에 놀라 사방을 둘러본다. 문고리가 옆방과 연결되어 있었고 벌어진 틈으로 털북숭이 남자 얼굴이 살짝 보였다. 깜짝 놀라 문고리를 채우고 스카프로 다시 꽁꽁 동여맨다. 20cm 정도로 쌓아 올린 욕조는 반신욕은 못 하더라도 누워서 몸을 적실 수는 있겠다고 생각했는데 물을 받는 족족 새어 버린다. 밤 11시가 넘었는데 저녁을 준비했다는 연락을 받는다. 회색과 초록, 노란 문양이 들어간 예쁜 식탁 곁에는 우산처럼 생긴 전기난로가 달구어져 있다.

　새하얀 구레나룻이 풍성한 노인이 '봉주르' 인사하며 손을 흔들고, 나는 신발을 벗고 세상에서 제일 편한 자세로 소파에 앉아 커피를 마시는 미모의 여인을 훔쳐본다. 속이 아픈 나를 위해 준비했다며 약차를 내오는 청년이 불안하다. 목이 가늘고 긴 와인 잔에 뜨거운 차를 가득 담아 쟁반에 받쳐 들고 오는데, '목을 잡지 왜 저러나 저 청년!.' 아뿔싸! 균형을 잃은 잔은 바들바들 떨다 내가 앉은 테이블에 떨어져 와장창 박살이 나며 천지사방으로 물과 유리 조각들이 튄다. 당황한 청년은 정신이 반은 나간 것 같고 얼굴은 벌겋게 달아올랐다. 괜찮다고 그럴 수 있다고 몇 번이나 말을 건넨 후에야 청년은 평정을 찾는다. 예쁜 잔에 차를 내어주고 싶었던 청년의 마음을 알 것 같았다.

보랏빛, 초록빛 올리브, 허니 버터, 올리브 오일, 초록색 식탁 위에 그림처럼 자리를 잡는다. 앙증맞은 그릇은 하나같이 고깔 모양의 뚜껑이 덮여 있다. 햄버거로 허기를 채웠음에도 위장은 요동친다. 노릇하게 구워낸 토스트에 꿀과 올리브 오일을 듬뿍 발라 약차를 곁들여 먹는데 살살 녹는다. 시럽에 바짝 졸여 만든 대추야자 정과를 후식으로 챙겨 먹는다.

영화 〈미드나잇 인 파리〉에서 약혼자 이네즈(레이첼 맥아담스)를 두고 홀로 파리의 밤거리를 헤매는 길(오웰 윌슨)은 종소리와 함께 홀연히 나타난 차를 타고 1920년대를 대표하는 예술가들과 조우한다. 누군가 불쑥 내 앞에 앉을 것만 같다. 와인을 주문한다. 숄을 접두른 나를 위해 아까 그 청년은 난로를 내 옆으로 옮겨준다. 청년의 따뜻한 마음도 옮겨온다.

오직 아랍어만 한다는 청년에게 '너는 인상도 좋고 진심으로 고객들에게 잘해주려는 마음이 느껴져. 진심이야말로 고객을 위한 가장 큰 배려야. 나에게 베푼 친절이 오래도록 기억날 거야. 훌륭한 매니저로 성공하길 바라'라는 말을 번역기로 보여주며 대화를 주고받는다. 청년은 두 손을 모으며 얼굴이 발개지도록 인사를 한다. 산뜻한 와인 향이 입안에 감기며 취기도 함께 오른다.

설익은 취기를 끌어안고 나선형 계단을 따라 끝까지 오르니 예쁜 옥상이 나타났고, 아름다운 페즈 시내가 내려다보였다. 쏟아져 내린 별빛은 햇살에 반사된 물고기 비늘처럼 반짝거렸고, 그 별빛에 모스크의 하얀 몸통은 더욱 새하얗게 빛났다. 흔들거리는 그네에 몸을 맡긴다. 문득 아이들과 고생하고 계실 엄마 생각에 마음이 무거워졌다. 바람이 그네 옆 화분에 떨구어진 마른 낙엽을 안고 날아오르고, 망연히 모스크를 응시하던 나의 의식으로 찬 기운이 몰아닥쳤다.

온기라곤 일도 없는 숙소에서 물 칠하는 정도로 샤워를 하고, 담요로 누에고치처럼 몸을 돌돌 말아 침대에 눕힌다. 일순간 모든 것이 정지되면서 혼절한 듯 깊은 나락으로 떨어진다.

천년의 시간을 걷다

 기절이라도 했던 걸까. 누워있는 나를 걱정스레 바라보는 일행들. 지난밤 늦은 시각에 마신 싸구려 와인 한 모금에 밤새 머리가 깨져버리는 줄 알았다. 덕분에 나는 10시가 넘도록 깊은 잠에 빠져있었다. 오늘 일정을 망친 건 아닐까 미안한 마음에 부리나케 일어나 대충 씻고 옷을 갈아입는다. 연신 미안하다 사과하는 내게 괜찮다며 쉬는 것도 여행이니 형식에 얽매이지 말고 즐기라는 말이 참 고마웠다. 마음이 가벼워진 나는 아침 식사를 위해 로비로 내려간다. 늦도록 내려오지 않는 나를 무척 걱정했다는 청년은 약차를 가져다주며 괜찮냐고 몇 번을 물어본다.

 강박증이 심한 한국 사람들이 안타깝다며 (모든 걸 내려놓고 느긋하게 쉬고, 먹고, 마시고, 걷는 게 진정한 여행이라며) 내 등을 쓰다듬는 호텔 사장의 손이 따뜻하다. 올리브, 올리브 오일, 꿀, 버터, 과일잼이 그림처럼 식탁 위에 올라앉는다. 모로코 전통 수프인 하리라를 먹어보라며 주방에서 직접 쉐프가 나와 맛을 보기를 기다린다.

 수프는 갓 볶은 참깨를 갈아 넣은 것처럼 고소했고, 연유처럼 부드러웠으며, 녹두 가루를 쏟아부은 듯 구수하고 담백했다. 게다가 깊은 풍미까지 갖춘 하리라는 더없이 친절하게 위벽을 감싸 안는다. 부대끼던 속이 가라 앉았다. 종잇장처럼 얇은 빵은 보름달처럼 둥글고, 잔물결이 일렁이는 것처럼 올록볼록하다. 그 위에 꿀을 얇게 펴 바르고 올리브 오일을 쏟듯이 부은 후, 반을 접어 한쪽 끝을 먼저 베어 문다. 올리브 오일과 꿀을 먹은 빵은 부드럽게 녹아 코끝으로, 목젖으로, 고막으로 향을 퍼 나른 후, 본래의 맛에 풍미를 더해 위장으로 쏜살같이 달려간다. 빵 하나를 더 주문한다. 빵 맛을 제대로 설명하지는 못했지만, 청년과 쉐프 입이 귀에 걸린 걸 보니 내 표정이 압도적이었나보다. 벌써 시간은 오후 1시 가까이 밀착해간다. 어제 이미 싸 둔 짐을 청년은 벌써 로비에 가지런히 정리해 두었다. 바로 오 분 거리에 있는 메디나를 향해 걷는다.

'덩키, 덩키, 똥, 똥 조심해. 그렇지, 그렇지.' '뜨근 물 안 나와요?.'
어설픈 우리말에 폭소가 터진다. 9천여 개의 미로로 얽힌 메디나, '탕 탕 탕 탕' 대장간 소년이 망치로 양철을 두드리고, 부대에 담긴 총천연색의 물감이 골목을 차지했다. 골방 같은 곳에서 쟁반만 한 빵을 구워 내오는 파티시에. 그가 화덕 안에 반죽을 집어넣고 재래식 방법으로 빵을 굽는 동안 사람들은 줄을 서서 기다린다. 자기 몸의 서너 배쯤 되는 짐을 싣고 비좁은 골목으로 작고 늙은 노새 한 마리가 걸어간다. 그들의 운명은 당연할 걸까. 중국 황산 여행 중 눈물을 흘리는 말의 모습을 본 후 나는 한동안 트라우마에 시달렸다. 경주마로 지내다 은퇴하고 쉬어야 할 시기가 된 늙은 말은 공사 현장에서 나온 돌을 옮기는 작업을 하는 신세로 전락했고, 제 몸보다 무거운 대리석을 등에 진 채 몇 개 되지 않는 계단을 내려오지 못하고 바들바들 떨며 눈물을 흘렸다. 운명과 상관없는 무게에 짓눌린 슬픔으로 가득 찬

눈동자, 그 기억은 아주 오랜 시간 나를 고통스럽게 했다.

문득 메디나를 벗어나고 싶다는 생각이 들었고, 일행과 정문 앞에서 만나기로 약속하고 오던 길을 기억해 되돌아 나간다. 당나귀 똥 냄새를 없애 준다며 박하 잎을 건네는 사람들은 낙타 가죽으로 만든 가방을 사라며 동양 여자 한 명에게 많이도 달라붙는다. 골목부터 끈질기게 따라붙던 남자 아이는 열쇠고리를 내밀며 5유로를 외친다. 쓸모도 없는 열쇠고리를 받아 주머니에 찔러 넣는다. 갑자기 길이 헷갈려 당황했는데, 찍어 둔 약속 장소 사진을 상인들에게 보여주었고, 누군가 친절하게 안내해 준 덕분에 입구까지 무사히 탈출한다. 채소를 파는 상인들 무리 속에 섞여 구경하다 구두 닦는 노인 옆자리 허름한 의자에 앉는다. 한참을 기다려도 일행들이 나타나지 않아 불안해져 전화하려던 참에 마법처럼 나타났다. 낙타 가죽으로 만든 커다란 가방을 들고 오는 H 언니를 보며 나는 한숨을 짓는다. 하늘은 푸른빛을 띠고 햇살은 다정하게 어깨를 감싸 안는다. 호텔에 맡겨 둔 짐을 찾으며 나는 청년의 손에 엽서 몇 장을 건네준다.

가난한 마을 현지인의 초대

감실거리는 햇살에 눈이 감기고 파스텔톤 담벼락은 더욱 예뻐졌다. 사람도, 당나귀도, 좁은 골목도, 메디나도, 담배 가게 아저씨도, 길고양이도, 모든 것이 그리울 테다. 굽이 돌아 휘고, 펴고 이프란으로 가는 길은 찬란하다. 어린 목동 뒤를 졸졸 따라가는 양 떼는 마른 먼지를 일으키고, 겨울이 무색할 정도로 푸른 이파리는 사계四季를 품는다. 때론 두려울 만큼 삭막함이 공허했고, 수천 개의 베일에 가려진 신비로움에 경탄했다. 천년의 도시, 아니 천 년 전의 도시를 벗어난 여행자는 오직 달리는 시간에 몰입한다. 이프란에 도착할 즈음엔 오후 2시가 넘었고, 기온이 낮아진 탓에 오리털 점퍼를 껴입는다. 푸른빛 작은 호수와 눈 덮인 마을은 인터라켄에서 산악열차를 타고 융프라우로 가던 길에 보았던 스위스의 마을 한 귀퉁이를 옮겨다 놓은 것 같았다. 호수에 비친 나무와 햇살을 바라보다 사진을 찍어 달라는 낯선 여행자의 목소리에 퍼뜩 정신이 든다.

잿빛 거리에 퉁명스레 서 있는 카페 입구로 들어가는 일행을 확인하고 나는 바로 옆 약국으로 향한다. 미열도 있고 목도 아파 해열제를 산다. 카페 2층에서 내려다보이는 사람들은 검은색과 회색을 덧발라 놓은 유화처럼 칙칙하고 우중충해 보였다. 미리 주문해 둔 빵은 딱딱했고 커피는 식어서인지 맛이 그저 그런데, 아래층에서 내뿜는 텁텁한 담배 연기에 참지 못하고 서둘러 나온다.

모하메드는 탕헤르 가난한 마을 작은집에 사는 친구 집에서 우리를 위해 저녁을 준비한다며 괜찮겠냐 묻는데 당근 괜찮고 말고다. 꾸스꾸스와 따진을 준비한다며 닭고기와 양고기 중 택하라는데 나는 양고기를 선택했다가 일행이 닭고기라기에 나도 닭고기로 먹겠다며 변덕을 부린다. 차창에 달라붙은 어스름이 잿빛으로 변하고, 낯설었던 아랍어가 우리말처럼 들려온다.

"몇 시쯤 도착할 것 같아? 친구들이 모로코 음식은 잘 먹어? 닭고기야? 양고기야?"

까만 어둠이 땅끝까지 덮은 후에야 우린 작은 마을에 도착했다. 70년대 우리나라 시골 마을과 꼭 닮은 골목에서 아이들이 뛰어노는데, 강아지만 한 들쥐도 같이 뛴다. 여간해서 비위가 상하지 않는 나인데, 이미 속은 뒤집혀 음식을 어찌 먹어야 할지 고민에 싸이고 말았다. 갑자기 작은 집에서 우르르 뛰어나오는 아이들은 무려 아홉 명이다. 우리가 초대받은 집이다. 차례대로 달려와 뽀뽀 세례를 퍼붓는데 '다나'라는 여자아이는 내 품을 독차지한 채 볼과 입술이 닳도록 뽀뽀를 했다. 흩어져 살던 자매들이 모여 진종일 만들었다는데 정작 음식을 내왔을 때는 이미 식욕이 사라져 버린 뒤였다. 수북이 쌓아 올린 꾸스꾸스는 맛도 보기 전에 질려버렸고, 빨갛고 미끈거리는 소스는 더욱 비위를 상하게 했다. (여름 모로코를 여행할 때 물레야꾸 마을 식당에서 똑같은 소스가 나왔다.)

진종일 만들었을 정성을 생각해 억지로라도 먹어보려 했지만 그럴수록 속은 더 요동을 쳤다. 정말 맛있는데 간식을 너무 많이 먹어서 배불러 못 먹겠다고 사과하며 포크를 내려놓았다. 내 눈치를 보던 두 사람도 결국 포크를 내려놓았다. 어차피 음식은 자기들도 먹어야 하니 걱정하지 말라는데 마음은 편치 않았다.

 가족사진으로 만회하려 카메라를 꺼내는데 갑자기 자매들이 주방으로 숨는다. 아쉬웠지만 굳이 영혼을 빼앗을 이유도 없었다. 아홉 명의 천사들은 다시 뽀뽀 세례를 퍼부었다. 남은 건빵과 라면, 햇반과 커피믹스를 선물로 주었더니 이 세상에서 가장 맛있는 커피는 한국의 커피믹스라며 그들은 진심으로 고마워했다. 여분으로 가져온 핸드크림도 다 꺼내 놓았다.

 몸이 천근만근 피곤해 죽을 지경인데 탕헤르 시내에 있는 숙소에 도착하고 나서야 좀 나아졌다. 숙소는 우리나라 일반 아파트와 비교하면 형편없는 시설이었지만 뜨거운 물로 샤워를 할 수 있다는 것만으로도 충분히 행복했다. 게다가 세탁기까지 있으니 횡재한 기분이 들었다. 쌓이기는 빨래가 찜찜하던 차에 주저 없이 세탁기에 빨래를 넣고 동작 버튼을 눌렀는데 물만 흥건하게 쏟아놓은 채 세탁기는 돌아갈 생각도 없고, 심지어 강아지처럼 빨래를 물고 놔주질 않는다. 프랑스어로 쓰여있는 사용법을 사진 찍어 번역기로 대충 해석해 물린 빨래는 건져 놓았는데 어쩐다. 모하메드에게 카톡을 보내니 내일 빨래방에 맡기면 된다며 젖은 빨래를 담아 둘 커다란 비닐봉지를 두고 간다. 뜨거운 물로 샤워하고 머리까지 감고 나니 세상 부러울 게 없다. 발바닥에 달라붙는 얼음장처럼 차가운 기운에 몸서리를 치며 담요를 둘둘 말고 침대에 눕는다.

5부
탕헤르에서 쉐프하우엔까지

탕헤르의 아침과 사람 마음 풍경

 탕헤르의 하루가 밝았다. 일찌감치 눈을 뜬 나는 대충 옷을 걸치고 아파트 파란 대문을 밀친다. 항구가 바라보이는 길을 편안하게 걷는다. 익숙해진 걸까. 사람들에게 머리 숙여 가볍게 인사를 건넨다. 이곳에서의 시간은 아주 천천히 흐르다 급물살을 탄다. 돌아가야 할 시간이 다가오고 있다. 노천 카페에 앉아 커피 한잔을 마신다. 몇 년 동안 한 번도 빨지 않았을 것 같은 찌든 복장을 한 여인, 한쪽 팔이 잘린 노인, 난 순간 주머니에 손을 넣고 디르함을 만지작거리다 관둔다. 갑자기 숨어있던 사람들이 '나도 나도' 하며 손을 벌리고 달려들 것만 같았기 때문이다.

 숙소에서 짐을 챙겨 나온다. 세탁기 안에서 물만 잔뜩 먹은 빨래를 들고 나오라는 주문도 잊지 않았다. 미로처럼 엉킨 복잡한 시내를 전쟁하듯 빠져나왔고, 상인들의 왁자한 소리가 울려 퍼지는 메디나를 발견했다. 산더미처럼 쌓아놓은 올리브를 보고 주저 없이 색깔별로 한 보따리 산다. K 언니는 이다음에 태어나면 모로코에서 올리브 농장을 하는 남자랑 결혼하란다.

넓은 길을 놔두고 한 번 진입하면 두 번 다시 나오지 못할 것 같은 골목길로 다시 접어드는데 대체 어딜 가려고 아침부터 이러는 걸까. 양옆으로 주차된 차를 찌그러트려야만 지날 수 있을 만큼 좁은 길이 참 길게도 이어진다. 이곳에서도 '크레이지'는 난무한다. 전후좌우를 살피기는커녕 무작정 차 앞으로 달려드는 그들은 파리 목숨인가. 그런데 웃지 못할 일이 생기고야 말았다. 양보라곤 모르던 모하메드가 갑자기 오른손으로 누군가에게 먼저 가라는 신호를 보내며 입이 찢어지라 미소를 짓는다. 긴 머리를 찰랑거리며 아리따운 숙녀가 지나갔고, 모하메드는 웅얼거렸다. '오! 마이 갓! 뷰티풀! 뷰티풀!' 숙녀는 돌아보며 윙크를 날렸고 모하메드 고개는 숙녀를 향해 돌아갔다.

슬슬 짜증이 나기 시작하는데 그 좁은 골목에 용케도 차를 세운 모하메드는 빨래가 가득 담긴 커다란 비닐봉지를 들고 빨래방으로 들어간다. 지옥을 불사한 길을 운전한 이유를 알게 된 우리 일행은 셰프샤우엔으로 출발하기 전에 제법 큰 액수의 팁을 건넸고, 살짝 망설이던 그는 두 손 모아 '슈크란'을 반복했다.

브런치를 먹기 위해 탕헤르 시내에서 조금 벗어난 변두리 카페에 들른다. 담배를 입에 물고 사는 그들이 뿜어낸 매캐하고 역한 냄새와 질레바에 묻은 모로코 냄새가 섞인 탓인지 입구부터 텁텁했다. 숨을 쉴 때마다 폐부로 난입하는 고약한 냄새에도 불구하고 비위 좋은 나는 계란 반숙 두 개와 올리브 주스, 올리브를 순식간에 다 먹어 치웠고, 일행은 내 접시에 남은 올리브를 덜어주었다.

밀입국한 아이들의 허망한 시간

　셰프샤우엔을 향해 달리기 시작했을 때는 오전 10시가 넘었다. 절벽 아래 성곽처럼 둘러쳐진 곳엔 영락없이 작은 마을이 자리를 잡고 있다. 당나귀에 대한 나의 집착은 오늘도 변함이 없다. 흔들리는 차창 밖 풍경은 번번이 틀에서 벗어나고 당나귀를 놓친다. '스텔라, 헤이! 스텔라' 안타까웠는지 당나귀가 보일 때마다 더 급하게 소리치는 모하메드. 커다란 트럭 위에 바글바글한 사람들 머리가 꼭 누에 같다. 이곳에서 트럭은 버스 역할도 한다.
　유칼립투스 나무 아래 먼지가 날리는 길을 걷는 양치기 목동 소년의 남루한 옷자락에 달라붙은 삶의 무게가 공기보다 가볍다고 느껴졌다. 집채만 한 구름이 차를 덮칠 듯 내리꽂더니 몇 가닥 비를 뿌리고 사라진다. 붉은색 질그릇을 파는 여인이 지나가는 차를 향해 손을 흔든다.
　이곳에도 알제리나 튀니지에서 밀입국한 소년 소녀들이 누더기 차림으로 나타난다. 눈은 풀리고, 희망이라곤 찾아볼 수 없는 지친 모습의 표정 없는 아이들이 손을 내민다. 굽은 길을 휘돌아 달리는 길 아래로 길고 긴 강줄기가 보였다 사라졌다 반복한다. 오늘은 물도 준비하지 않아 입안이 바짝 마르고 목은 갈라져 쇳소리를 낸다. 끝없이 이어지는 그 푸른 강줄기를 바라보며 서 있는 휴게소에 들른다. 바람이 불 때마다 고장 난 문이 덜렁거렸

고, 그 때문인지 휴게소는 더없이 쓸쓸해 보였다. 의미 없이 벽에 걸린 여우 박제가 진짜냐 물어 본건데 휴게소 주인 남자는 사냥을 한 거라며 총까지 보여준다. 별다른 메뉴도 없어 주문한 빵은 수분기 하나 없는 돌덩이 같았고, 커피는 지독하게 쓰고 떫었다. 돈 아까운 생각에 빵 한 조각이라도 먹어보려 했지만, 더부룩한 속에 화만 돋게 했다. 시장이 반찬도 아닌 모양이다.

　휴게소를 벗어나 달린다. 마른 풀을 베고 누운 바람은 잠이 들고, 산비탈 아래 뛰어노는 아이들 목소리가 낭랑한데, 작은 모스크는 허허로운 들판을 지킨다. 지팡이를 짚고 걸어가는 노파의 옷자락 사이로 시간이 사라진다. 한 겹 벗어낼 때마다 도무지 알 수 없는 풍경과 감정으로 이방인을 흡수하는 나라. 다시 어느 도시를 지나지만 도시 이름은 기억나지 않는다. 고도를 높인 길이 강도 높게 휘어지면서 멀미를 부른다.

연기처럼 사라지는 인생

약간의 피곤함이 몰려왔고 잠깐 눈을 붙여야지 생각하는 순간 갑자기 마을이 나타났다. 셰프샤우엔은 리프 산맥에 자리해 있으며 탕헤르와 테투안에서 조금 내륙으로 들어가 있는 곳에 위치한다. 1471년에 건설된 요새가 지금까지 존재하는데, 15세기 말 스페인에서 쫓겨난 무어인들이 이주해오면서 번성하기 시작했다.

셰프샤우엔을 상징하는 아치형 문 앞에서 사진을 찍는다. 마을 초입에 있는 건물 계단으로 침통한 표정의 사람들이 걸어 내려오고, 굴뚝에서는 망자의 혼이 하늘로 날아오른다. 영혼을 달래는 슬픈 노랫가락이 아지랑이처럼 흐물거리는데, 여행자는 가슴에 뜻 모를 아픔을 새긴다. 생과 사의 간격은 어쩌면 종이 한 장보다 얇을지도 모른다.

파란색에 이끌려 들어간 골목 안은 매혹적이다. 벽도 계단도 지붕도 온통 파란색이다. 모로코 전통 의상 질레바를 입은 사람들 속에 무어인을 닮았을 것으로 생각되는 원주민의 모습도 눈에 띈다. 모로코인들과 확연히 다른 그들은 키는 작고, 얼굴은 크며 왠지 덜 진화된 생김에 판초처럼 생긴 망토를 두르고 밀짚모자를 썼다. 먼 미래로 시간여행을 떠나온 것처럼 뜬

금없어 보이는 그들 앞에 놓인 산딸기 바구니는 적적해 보였다. 파란색 유혹에 빠진 나는 노점상 앞에 쪼그리고 앉아 지인들에게 줄 펜던트를 고른다. 파란 마을 골목 안 누군가의 집에서 망자를 달래는 구슬픈 가락이 새어 나왔다. 여행자는 설레는 마음 위에 슬픔도 꾹꾹 눌러 담았다.

영혼 타령

  길고양이들은 아무런 두려움 없이 사람들과 섞여 느긋하게 하루를 즐긴다. 파란 마을의 시간은 더디고 무심했다. 우물가에 줄을 선 사람들 꼬리가 뱀처럼 구불거린다. 물을 긷는 소년에게 사진을 찍어도 되냐 물으니 이 녀석 놀랍게도 가운뎃손가락을 곤추세운다. 토실한 엉덩이를 흔들기까지 하는 녀석은 정말 얄미웠다. 하지만 렌즈는 이미 녀석을 담아냈다.

  소년 서넛이 공을 들고 뛰어 내려오는 파랗고 가파른 계단 양쪽 끝에 예쁜 꽃바구니가 처음부터 끝까지 놓여있다. 카메라를 만지기가 무섭게 벼락같은 합창 소리, '마담! 마다~~암!' 자신들의 영혼을 빼앗지 말라며 카메라를 빼앗을 기세로 여인들이 몰려온다. '댁들에게 관심 없으니까 신경 꺼~~!' 나도 모르게 소리를 지르며 돌아서는데 조금 서늘하긴 했다. 기에 눌리지 않고 더 세게 나가면 움찔하는 모로코인들이다. 아무리 관광지라 하지만 그들의 주거 지역을 마음대로 활보하는 여행자는 미안한 마음도 들었다.

  갑자기 어지럽다. 빙글 돈다. 전신에 힘이 빠지며 주저앉고 싶다. 등에서

는 식은땀이 흐르고 손발은 떨리며 입술은 실룩인다. 반대편 우물가에서 손빨래하는 여인이 사람들을 향해 소리를 지르니, 이편에서도 질세라 삿대질까지 보태 더 크게 소리를 지른다. 영혼을 빼앗지 말라는 경고와 착각하지 말라는 야유가 오간다.

점점 무기력해지는 게 고산증인가 싶어 천천히 아래로 내려가 보는데 신기하게도 어느 지점에서 몸이 정상으로 회복된다. 올라올 때와 반대 방향으로 내려왔는데 생각지도 않은 야시장 풍경에 더없는 평화를 느꼈다. 일렬로 길게 늘어선 가판대에 펼쳐둔 과일과 생선, 채소, 그리고 상인들 모습은 화폭에 담긴 그림 같다. 가족들에게 싱싱한 생선 몇 마리 사서 졸이고, 매운탕도 끓여주고 싶은 마음 대신 바나나 몇 개 사는 것으로 만족한다. 셰프샤우엔이 한눈에 바라다보이는 조망 좋은 장소라기에 잠깐 들렀는데, 차문을 열지도 못할 정도로 강하게 부는 바람 탓인지 느닷없는 공허함에 당황한다. 마음의 독이 빠져나간 자리에 찾아온 명현 반응일까.

거만한 교통경찰

 바람은 저무는 하루 끝을 움켜쥔 채 노을과 함께 훌렁 재주를 넘는다. 절벽 아래 오밀조밀 형성된 마을의 작은집 창가에 오색 불이 켜진다. 양보 없이 달리는 운전자들의 습관은 이곳에서도 마찬가지다. 신에게 목숨을 담보하고 경쟁이라도 하는 모양이다. 차가 전복할 것 같은 몇 번의 아찔함에 머리끝까지 화가 나서 모하메드에게 소리를 빽 지른다.
 "천천히, 조심하라고 제발!!. 우린 목숨이 몇 개가 아니야. 너희들처럼 인샬라가 아니라고. 조심하지 않고 운전하는 사람 정말 정말 싫어."
 거칠게 화를 내는 내게 놀랐는지 모하메드는 미안하다며 사과하고 속도를 늦춘다. 잠시 어색해졌고 그 어색함을 물리기 위해 H 언니가 순발력을 발휘했다. '너는 친절하고 착한 사람이야.' 생각보다 단순한 그는 기분이 좋아진 모양인지 농담까지 건넨다. 하지만 칭찬은 십 분을 넘기지 못했다.

 우리나라도 한때는 교통경찰의 전성기라 할 만큼 '짭새'라는 비속어로 그들을 부른 적이 있었다. 지금 모로코가 그런 모양인지 툭하면 보이는 게 그들이다. 익숙해질 법도 하건만 하얀 셔츠에 스키니바지를 입고, 허리춤에 총과 방망이를 차고 과속하거나 신호를 위반하는 운전자를 색출하는 거만한 경찰 모습이 보일 때마다 긴장이 되었다. 먼발치로 여러 명의 경찰이 보였고, 그사이 나는 깜빡 졸았는데 우리 차가 갓길에 세워졌다. 기어코 과속 딱지를 떼이고야 마는 모하메드 입에서 크레이지 폭탄 다발이 쏟아진다. 적반하장도 유분수다.

그러거나 말거나 모로코의 밤은 몽환의 다리를 건너고 의식은 이탈해 먼 곳을 유영하다 탕헤르 시내가 가까워져서야 돌아온다. 아파트에 짐을 풀고 뜨거운 물로 샤워를 한다. 무겁고 피곤한 몸을 담요로 둘둘 말아 감고 누우니 일 초도 안 되어 잠이 든다. 탕헤르의 두 번째 밤도 지나고 있다.

회귀回歸

 탕헤르에서 세 번째 아침을 맞이했다. 느지막이 노천카페에서 커피와 계란 반숙을 먹고 공항으로 향한다. 13일이란 시간은 30년 후의 세상보다는 훨씬 더디게 흘렀지만 지나고 보니 그 또한 바람 같았다. 공항 밖에서부터 길게 줄지어 서 있는 사람들이 보였고, 우리는 공항에 내버려진 것처럼 모하메드는 잘 가라는 인사를 하는 둥 마는 둥 갑자기 사라졌다. 당황한 우리는 촌스러운 양복을 입은 남자를 부르며 도와달라 요청한다. 다행히 그는 영어를 할 줄 알았고, 돈을 받고 출국 절차를 도와주는 서비스맨이었다. 우여곡절 끝에 서류 작성을 마치고 검색대 앞에 선다.

 "돈 얼마 있어?"
 모하메드 공항 검색대 위에 펼쳐진 짐을 검색하던 여자 경찰의 눈꼬리가 제법 살벌하게 올라가며 묻는데, 순간 경직된 나는 버벅댄다. 재차 얼마 있냐고 묻는 통에 트집을 잡아 돈을 뜯으려는 건가 잠시 생각하다 '100달러 있는데 왜?' 물으니 보여 달란다. '왜 보여줘야 하는데?' 나는 겁도 없이 반문했고, 뒤에 서 있던 모로코 여인이 경찰에게 항의하듯 따졌다. 안색이 누그러진 아니 좀 비굴해진 여자 경찰은 그냥 가라면서도 못마땅한 표정으로

나를 째려보았다. 나는 좀 떨렸고 도와준 여인은 걱정하지 말라며 내 등을 두드린다. 무사히 검색대를 빠져나왔고, 도하행 비행기를 기다리며 여행의 순간들을 기억해 메모하기 시작했다. 나를 도와준 여인이 내 옆에 앉아서 귀찮을 정도로 말을 걸다 사라진다.

제2장 여름 모로코

1부
거꾸로 걷는 시간

기내에서 만난 모로코 처녀

 도하에서 경유해 모로코행 비행기에 몸을 싣는다. 옆자리에 앉은 모로코 여자는 내게 관심을 보인다. 평택에 이모가 살고 있는데, 캄보디아 남자랑 결혼했다가 이모부란 남자의 상습적 폭력을 견디지 못한 이모가 도망쳤다고 했다. 머나먼 타국 한국까지 와서 비극적 결말로 끝난 모로코 여자와 캄보디아 남자의 이야기는 씁쓸했다. 그녀는 세계적으로 의술이 뛰어난 우리나라에 자궁 근종 수술을 받으러 왔다 돌아가는 길인데, 무슨 일이 있어도 반드시 한국에 이민 올 계획이라고 했다. 한국말을 찰지게 말하던 그녀는 갑자기 언니라 부르며 집요하게 달라붙는다. 엄마랑 통화할 때 자기도 모르게 한국말을 해 엄마가 화를 낸다는 말도 덧붙인다.
 쉬면서 가고 싶었지만, 수다는 착륙할 때까지 이어졌고, 결국 아파서 잘 걷지도 못하는 그녀의 짐을 모하메드 공항에서 입국 절차를 마칠 때까지 들어줘야 했다. 그녀는 엄마한테 전화해 내 이야기를 전했고, 감사의 표시로 모로코 전통의상 질레바를 만들어주겠다는 약속까지 하더니, 급기야 여행지를 따라가면 안 되냐며 보챘다. 난감함을 물리치느라 전화번호를 교환했고, 미심쩍었는지 그녀는 그 자리에서 카톡을 확인하며 자기 집 주소를 적어주었다. 잊지 말고 사하라에 있는 자기 집에 꼭 들러 달라며. 나야 초대를 거절할 이유도 없어 흔쾌히 답했고, 그녀는 몇 번을 재차 묻고 확인했다. 그리고는 목이 돌아가도록 나를 바라보다 겨우 헤어졌다.

그렇게 다시 여행은 시작되고

 떠나오기 전부터 심신 상태가 그리 좋지가 않아 여행을 취소할까 수없이 고민도 했다. 그즈음 여러모로 썩 편치 않았는데, 어쩌면 나는 우울증을 앓고 있었는지도 모른다. 떠나는 시간 뒤에 남겨진 두 아들과 반려견까지 챙겨야만 하는 친정엄마는 늘 내겐 시린 존재였다. 그러고 보니 떠나는 나도 지독하게 이기적인 인간이었다.

 2019년 7월, 그렇게 나는 다시 떠났다. 그리 친한 사이도 아니면서 머나먼 북아프리카를 동행한다는 것은 어쩌면 도박에 가까운 일인지도 모른다. 카사블랑카에 도착해 제일 먼저 M에게 장문의 카톡을 보낸다. 나의 변덕스러운 마음을 챙겨 글자 하나에도 신경을 쏟은 흔적이 여실한 답장. 뭉클하다. 그녀가 나의 주치의가 될 줄이야. 시시때때로 몰려오는 알 수 없는 마음을 그녀에게 탈탈 털어놓으며 하마터면 여행사에 전화해 돌아가는 티켓을 살 뻔한 위기를 넘긴다.
 우리가 묵을 숙소는 카사블랑카 시내에 있는 제법 번듯한 아파트다. 지난겨울에 보았던 아파트 벽에 줄을 그은 비둘기 똥 대신 예쁜 골목과 카페, 그리고 창가에 널어 둔 이불 들이 이질감을 덜어주었다.

　숙소에 짐을 던져두고 하산 모스크 광장으로 산책을 나선다. 대서양 연안을 물들이던 노을은 남은 빛을 하산 2세 모스크 광장에 던지고 사라진다. 뛰어놀던 아이들은 실루엣으로 멀어지고 여행자의 마음도 평온함으로 물든다.

　먼바다를 응시하는 사람, 뛰어노는 아이들, 삼삼오오 짝을 지어 걷는 여인들, 난 그 무리 속에 들어가 천천히 걸음을 옮긴다. 어느 해 가을 스페인 여정 중 잠시 들렀던 이곳, 화장실이 급해 호텔이란 간판만 보고 들어갔다 기겁해 뛰쳐나왔던 곳. 세면대 위에, 화장실 바닥에 겹겹으로 엎어지고, 뒤집히고, 기어 다니는 어마어마한 바퀴벌레 떼를 본 것이다. 덩치는 또 얼마나 실하던지. 그 호텔이 있는 광장을 세 번째 걷고 있다.

    헤나를 해주겠다며 집요하게 따라붙는 여인, 왼손을 맡긴다. 그녀는 손가락부터 팔꿈치 아래까지 기하학적 신비한 문양을 그린다. 대서양 연안을 따라 사람들은 긴 그림자를 남기고, 바다는 노을을 삼킨다.
    "마담~~~!"
    지난겨울 두꺼운 옷을 둘둘 말고 이 길을 걸었던 나를 기억하는 생선 전문 요릿집 아저씨. 아니 어쩌면 그들은 누구에게나 그렇게 살가운지도 모를 일이다. '살람. 웰컴 마담' 생각지도 않은 반김에 결국 산책하다 그 가게로 들어가 생선요리를 주문한다. 사실 요리는 그렇게 맛있지 않았지만 친절하게 내 주변을 살피는 통에 양손 엄지를 치켜들었다. 제발 그만! 내 속마음을 모르는 그는 새우를 몇 마리 더 튀겨 준다, 나는 속이 거북스러운데도 참고 미련하게 다 먹어 치운다. 덕분에 탈이 난 장을 다스리느라 숙소에서 된 고생을 했다. 비상용으로 챙겨 온 매실 원액이 뒤틀리던 장을 제자리로 돌려주었고 기진한 나는 쓰러진다. 여행 첫날은 그렇게 정신없이 밀려왔다 밀려가며 더위와 끈적임 속에서 여름밤을 보냈다.

거꾸로 걷는 시간

 카사블랑카의 하루는 화살처럼 지나갔다. 다음 여행지와 가까운 도시 마라케시로 이동한다.
 잘 정돈된 거리에 야자나무가 즐비하고, 국립오페라 극장이 있고, 왕궁이 있고, 고급스러운 호텔이 있다. 붉은 깃발에 초록 색깔로 그려진 별들, 그 도시엔 값비싼 차와 낡은 자동차가 함께 달리고, 질레바를 입은 젊은 남자는 당나귀 등을 빌려 걷는다. 사람들을 가득 태운 마차를 끄는 말은 입에 거품을 물었다. 전생의 업을 다하지 못한 모양이다. 이곳에서도 오토바이족의 아슬아슬한 곡예는 멈추지 않는다. 생선을 튀기고, 빵을 굽고, 버스를 기다리고, 쇠를 녹이고, 패싸움하는 그들의 일상이 차창 밖으로 빠르게 지나간다.
 '두둑' 백미러 접히는 소리. 버스와 승용차 사이의 공간을 양손으로 비집으며 질질 오토바이를 끌고 가는 남자. 창문을 열고 소리치는 사람들. 그는 들은 체, 만 체 손가락 욕까지 날리며 사라진다. 이곳도 교통 지옥이기는 마찬가지다. 도시는 무질서와 소란을 묵묵히 참아낸다. 오랜 시간을 달려 마라케시 변두리 마을 마르잔이 있는 사거리에서 우회전해 구획 정리가 잘 되어 있는 산뜻한 아파트촌으로 진입한다. 우리가 묵을 숙소가 있는

동네이길 바라는 마음은 5초 만에 무너졌다. 카페에 맡겨 둔 우리가 묵을 숙소 아파트 열쇠를 찾으러 들렀을 뿐이다. 현지인처럼 지내고 싶다는 초심이 벌써 사라진 걸까.

　먼지가 풀풀 날리는 아파트 신축공사 현장을 지나 당나귀와 차가 뒤엉켜 달리는 사거리를 반쯤 돌아 나가 다시 좌측으로 꺾어 비튼다. 설마 저곳이 숙소? 1970년대 시골 읍내에서 멈춘 것 같은 풍경. 눈감고 주차해도 될 만큼 넉넉한 공간이지만 왓치맨의 도움을 받고 주차한다. 음침하고 우중충한 거리에 불쑥 나타난 남자아이들은 가운뎃손가락을 곧추세우며 '차이나, 차이나' 야유를 퍼붓는다.

　아파트를 출입하기 위한 첫 번째 관문인 파란색 철대문을 열고 나선형 계단을 오른다. 3층까지 무거운 짐을 들고 오르려니 실신할 것만 같다. 온

갖 사치를 다 부렸지만, 숙소는 촌스러움이 뚝뚝 흐른다. 짐을 팽개치듯 아무렇게나 집어던지고 소파에 벌렁 눕는다. 피곤하다. 컵라면과 햇반으로 대충 요기를 하고 거실에 불을 밝히니 세상에! 거실 바닥과 침실, 주방, 심지어 욕실까지 얼마나 지저분하던지 속이 메슥거릴 지경이었다.

  나는 반바지로 갈아입고 타일로 된 거실에 물을 뿌려 수세미로 박박 닦고, 양은 냄비에 수저와 그릇을 넣고 삶는다. 냉장고는 망가져 쓸모가 없고 주방 밖으로 연결된 좁은 공간에는 배불뚝이 가스통과 빨랫줄이 힘없이 늘어져 있다. 수리공을 불러 두 시간 넘게 냉장고를 고치고 매실차를 대접한다.
  어디서 걸레 썩는 냄새가 진동한다. 갈수록 태산이다. 좋은 호텔에서 편하게 여행해도 될 테지만 이게 무슨 청승인지 괜한 후회가 밀려왔다. 대충 이틀만 자고 떠나면 그만인데 사서 고생을 자처하나 보다. 미끌미끌한 걸레를 맨손으로 스무 번 정도 빨고 나서 메스꺼운 속을 달래며 쓴 커피를 연거푸 마신다. 수리공이 남기고 간 매실차에 초파리가 들끓는데 나는 컵을 닦다 웃음이 터졌다. '초파리는 우리나라에만 있는 게 아니었구나.'

'엄마 괜찮아?'
두 아들의 문자.
'그럼.'

브런치 예찬

이 작은 동네에 브런치 카페가 세 곳이나 있다. 늦은 저녁을 먹기 위해 밖으로 나선다. 첫 집부터 들러보기로 한다. 오믈렛과 빵을 주문한다. 얇고 둥근 빵에 올리브유를 잔뜩 발라 반을 접은 후, 한쪽 끝을 살짝 베어 물면 양쪽 입 가장자리로 올리브유가 촉촉하게 흐른다. 그때 빠르게 양쪽으로 혀를 놀려 핥은 후, 입 안에 있는 빵에 섞어 양쪽 어금니로 다진다. 흐물거리는 빵을 혀를 이용해 입안 가운데로 모아 앞니로 두어 번 더 다진 후 위장으로 훅 던진다. 입안에 흘려 둔 쌉싸름한 맛의 올리브 오일이 풍미를 보태면 절로 눈이 질끈 감긴다. 그 나락에서 헤어 나오려면 뜨거운 커피 한 모금으로 의식을 깨운 뒤, 착즙 한 오렌지 주스를 '벌컥' 들이키면 된다. 차가운 주스가 목젖을 타고 위장으로 달릴 때 비로소 여행자의 의식은 현실로 돌아온다.

브런치 예찬도 무용지물, 뒤집힌 속은 가라앉을 생각이 없는데, 더럽고 뾰족한 침으로 빵을 콕콕 찌르는 파리 떼에 질려 포크를 내려놓는다. 카페 주인은 여행자를 위해 파리채를 휘두르며 미리 돈을 내고 한 입도 먹지 못하는 나를 딱하다는 듯 바라본다. 결국, 그날 저녁은 아무것도 먹지 못한 채 화장실만 줄곧 들락거렸다.

마라케시의 아침 정경

 선풍기는 더운 바람을 나르니 무용지물이다. 바람이라도 통하라고 발코니와 연결된 주방 문을 활짝 열어 놓는다. 밤새 화장실을 들락이며 잠을 설쳤더니 거울 속에 할머니가 보인다. '지지로로로골 지골' 노래하는 새, 개 짖는 소리, 딸랑딸랑 마차 지나가는 소리, 새벽을 깨우는 소리가 한꺼번에 겹친다. 베란다에 나가 바깥 풍경을 바라보던 난 웃음이 터졌다. 약이 바싹 오른 개가 오르지도 못할 나무를 박박 긁으며 원통한 듯 짖어대는데, 고양이 흰 마리가 나무를 오르락내리락하며 불난 개 마음에 부채질하는 중이다. 코앞까지 미끄러져 내려와 잡힐 듯 약 올리기를 반복하니 지친 개는 포기하고 나무 아래 엎드린다.

 대충 샤워를 하고 비타민과 영양제를 챙겨 먹는다. 컵라면을 먹고 싶다는 수카이나 자매에게 물 붓는 법을 가르쳐주고 나는 커피 한 잔으로 아침을 대신한다. 나중에야 알았지만, 여행자를 도우며 여행 내내 번갈아 우리 곁에 머물던 그녀들은 둘 다 이혼했는데, 놀랍게도 두 자매의 자녀를 합치면 열한 명이라고 했다. 놀라는 내게 '문제없어. 모든 것은 인샬라!'란다. 빈민촌 같던 마라케시 변두리가 벌써 정겹다. 마트 아저씨, 왓치맨 아저씨, 카

페 주인에게 인사를 건넨다.

"니 하오! 차이나?, 곤니찌와! 제팬?"

이곳 사람들은 동양 사람만 보면 무턱대고 '차이나?' 아니면 '제팬?'이다. 한 무리의 남자아이들이 '차이나, 차이나' 야유를 퍼부으며 만지기라도 할 듯 위협적으로 다가온다. 순간 겁이 났지만, 주변을 믿고 빽 소리를 지른다. 카페마다 주인이 달려 나와 아이들을 쫓는다. 어딜 가나 위험과 친절은 공존한다.

생쥐 소동

음식을 가리지 않는 내가 제대로 된 밥 한번 못 먹어 기운이 없어 보였는지 나를 위해 모로코 전통 요리를 해주겠다며 전통 시장을 가자는 두 자매. 기분이 들뜬 나는 순식간에 빨간 원피스로 갈아입는다. 갑자기 얼굴이 하얗게 질린 수카이나가 아랍어로 호들갑을 떨었고, 못 알아들은 나는 '뭐라고? 왜?'만 되풀이하니 '마우스, 마우스'라며 황급히 침실 문을 닫는다.

잠시 후 관리인 아저씨가 들어오고 화장실에 세워 둔 마대가 아저씨 손에 들린다. '탕탕' 바닥을 내리치는 소리. 그제야 쥐가 들어온 걸 알고 소름이 끼치는데, 관리인 아저씨는 베이비 마우스라며 내 눈앞에서 잡은 쥐 꼬리를 잡고 흔든다. 베이비치고는 너무 크고 흉측스러운데다 피까지 흘리는 모습에 나는 침을 질질 흘리며 헛구역질을 했다. 밤새 열어 둔 베란다를 통해 들어온 모양이다. 한바탕 소란이 가시고 수카이나와 함께 전통시장을 가기 위해 밖으로 나선다.

소매치기 소년

　말간 햇살이 쏟아지는 길 위엔 세상 더없는 고요와 평화가 잠들어있다. 숨구멍을 통해 들어간 햇살이 눅눅한 장기와 마음을 산뜻하게 말려주었다. 야자나무가 즐비한 도심을 지나 몇 개의 작은 마을을 거쳐 전통시장인 바히아Bahia 마켓에 도착했다. 비릿한 생선 냄새, 질퍽거리는 골목, 눈이 퀭한 걸인, 비쩍 마른 고양이가 바글대고, 손수레와 상점 가판대에는 우리나라와 별반 다를 것 없는 채소와 과일이 수북하다. 몸을 움직이지 못할 정도로 차곡차곡 쌓다시피 구겨 넣은 닭장의 닭들을 외면한다.
　카메라를 들고 다니는 나를 보고 사람들은 알아서 얼굴을 가리거나 V자를 그리며 포즈를 취해주기도 한다. 여행객 출입이 많다 보니 그나마 영혼을 파는 일을 대수롭지 않게 생각하는 모양이다. 생선 두 마리, 감자 두 알, 양파 한 개, 고추 3개, 토마토, 마늘, 체리를 사고 콜라 한 병을 산다. 이 친구들에게 콜라나 환타는 가장 즐겨 찾는 고급 음료다.

　숙소로 돌아가는 길에 신호 대기에 걸려 정차해 있는데 갑자기 노발대발 소리치며 차를 세우고 밖으로 나가는 수카이나. 멀쩡하게 생긴 남자아이가 차 뒷문을 열려고 시도한 모양이다. 모로코에서는 창문을 내리거나 잠금장치를 해제하고 운전하는 건 고양이에게 생선을 맡긴 것과 마찬가지란다. 여권이 든 작은 백을 오늘따라 뒷좌석에 던져두었는데 가슴이 서늘해진 나는 얼른 가방을 챙겨 사선으로 맨다.

오토바이를 타고 달려온 경찰은 아이의 몸을 수색한다. 별다른 무기나 도둑맞은 게 없어 훈방 조치를 하고 보내는데 정작 아이는 죄책감조차 없어 보였다. 대부분 알제리나 튀니지에서 밀입국한 아이들이 저지르는데, 생존 수단이 딱히 없어 흔하게 벌어지는 일이라니 안타까운 마음뿐이다.

살이 통통하게 오른 생선은 민어랑 비슷했다. 세상에서 가장 맛있는 요리를 해주겠다는 수카이나는 신이 났다. 먼저 얇게 저민 감자를 냄비 바닥에 깔고, 토마토도 얇게 저며 감자 위에 얹는다. 비늘을 벗긴 생선을 얹고 양파 썬 것과 배를 가르고 씨를 뺀 고추와 마늘을 저며 얹는다. 월계수 잎사귀를 얹고, 통후추를 뿌린 후 뚜껑을 덮고 30분 정도 은근한 불로 졸인다. 간은 전혀 하지 않는다. 자작하게 조려진 생선 국물을 먼저 맛보았는데, 어찌나 칼칼하고 시원하던지 못 마시는 소주 생각이 다 났다. 게다가 생선살은 쫀득하며 봄바람처럼 상큼하고 담백했다. 냄비는 금방 바닥을 드러냈다. 배가 부르니 기분이 좋아졌고, 거지 같다고 생각했던 욕조도 귀엽게 보였다. 인간의 행복은 가장 기본적인 것에서부터 비롯됨을 새삼 깨닫는다.

2부
에사우이라 발치 아래에서

정신과 육체의 경계 아래에서

어제 잘 먹은 생선조림이 탈이 났다. 우리나라 여름보다 평균 10도 이상 높은 기온 탓인지 툭하면 탈이 났다. 끙끙 앓는 소리를 내며 아파하는 나를 달래던 수카이나가 급기야 눈물을 쏟는다. 세상의 많은 사람들이 여행하며 자신의 인생을 즐기는데 이곳까지 와서 무거운 짐을 내려놓지 못하는 이유를 모르겠다며. 내 의지와 상관없이 바람 빠진 풍선 모양 맥을 못 추는 육신은 정신까지 갉아먹는 모양이다. 나는 다시 M에게 장문의 카톡을 보내고 잠이 든다.

'언니! 못 먹어서 그런 거 아냐? 언니답지 않네. 건강한 정신은 건강한 육체에서 비롯되는 거야. 별거 아냐. 정신이 육체를 지배하는 것 같아도 육체가 정신을 지배해. 그러니 부디 잘 챙겨 먹어. 비타민도 먹고. 그곳까지 가서 내려놓지 못할 게 뭐가 있어.'

영양제와 비타민을 챙겨 먹고 잠들었지만, 다음날도 아프긴 매한가지였다. 아프다가도 여행이 시작되면 에너지가 끓어오르는 나인데, 정말 못 먹으니 아프고, 아프니 정신이 육체의 지배를 받는 걸까. 자동차와 트럭, 마차, 오토바이, 자전거, 당나귀, 버스가 뒤엉켜 달리는 도심을 벗어나 황량하고 척박한 땅을 달린다. 에사우이라로 떠나는 길이다. 오늘은 승용차가 아닌 낡은 밴이다. 나무 한 그루 자라지 않는 황량한 벌판이 오래도록 이어졌고, 이따금 스치는 유칼립투스 나무와 선인장 나무가 유일한 길벗이다.

당나귀 등에 봇짐을 싣고 걷는 사람과 어른이 탄 당나귀를 어린아이 둘이 끌고 가는 모습이 대조적이다. 몇 개의 작은 마을을 지났고, 허허로운 광야를 달렸다. 추스르려 했던 마음은 다시 허허벌판으로 나선다. 다가오는 모든 것을 겸허히 받아들이며 즐기던 나와 전혀 다른 모습에 나 자신도 당황스럽다. 내적 상처가 드러나고 있는 걸까.

프랑스 노부부는 구부정한 허리에 백발이 성성한데 곧 피안의 세상으로 넘어갈 듯 위태로워 보인다. 프랑스어를 할 줄 아느냐는 질문에 내키지 않는 마음으로 겨우 알고 있는 단어 몇 개를 나열한다. 일 년 내내 아무런 용도로 쓰지 않고 내버려 둔다는 땅은 풀 한 포기 자라지 않는 자갈투성이 밭이다. 자갈밭엔 맹독을 가진 뱀이 득시글거려 현지인조차 꺼리는 곳이라는데. 쓸데없는 호기심을 가진 사람들이 절대 들어가지 말라는 말을 무시하고 들어가 사진을 찍거나 소변을 보다 뱀에 물려 죽는 사고가 발생하기도 한다.

아르가나Argana의 염소나무

 먼지바람뿐인 길을 오래도록 달려 사시사철 푸르다는 아르가나Argana에 있는 아르간Argan 나무 농장 앞에서 멈춘다. 꺅꺅! 놀라는 소리가 들리는데 세상에! 나무에 염소가 달렸다. 저 꼭대기까지 어떻게 올라간 걸까. 중심에 서 있는 아이들은 그렇다 쳐도 나뭇가지 중 가장 취약한 가지 끝, 그것도 제일 높은 꼭대기에 올라간 저 아이는 괜찮은 걸까.

 땅 위의 황금 오일이라 부르는 아르간 나무의 평균수명은 200년 정도 되고 키는 대부분 8~10미터 정도 된다. 비가 내리지 않는 척박한 땅에서 자라는 나무는 공기 중에 있는 수분을 흡수해 수명을 이어간다. 견고하게 내린 뿌리는 사막화되는 땅을 막아주는 역할도 한다. 베르베르인들이 척박한 땅을 일구며 심었던 아르간 나무는 모로코인들에게는 없어서는 안 될 귀족 같은 존재이며, 그들을 지켜낸 영혼과도 같은 존재다.
 새끼 염소를 안아보라며 덥석 안기는 소년의 손등은 새카맣게 때가 껴 반들반들하게 윤이 난다. 염소나무의 비밀은 농장주들이 여행자의 관심을 끌며 돈을 벌기 위해 올려 두기도 하지만, 정작 속내는 아르간 오일을 생산해 내기 위한 그들만의 비법이다. 아르간 열매만 먹으며 자란 염소는 젖과

육즙이 풍부하고 고기 맛도 좋다는데, 과즙만 먹고 뱉어낸 씨를 골라 일일이 수작업의 공정을 거쳐 오일을 착즙해낸다. 소년은 카메라를 달래서 사진을 찍어주고 돈을 요구한다.

새끼 염소 덕분에 기분이 좀 나아진 나는 카메라를 꺼낸다. 초록빛 넓은 평야가 먼저 렌즈를 채웠고, 땡볕에서 버스를 기다리는 여인의 모습이 들어왔다. 갑자기 험상궂은 남자 얼굴이 카메라 렌즈를 꽉 채워 깜짝 놀랐는데, 낙타를 찍지 말라고 소리치는 바람에 더 놀랐다. 그의 곁에는 오색 스카프를 멋지게 두른 세 마리의 낙타가 서 있었고, 순간 그 모습을 담고 싶은 욕망에 사로잡혔지만, 왠지 주눅이 들어버렸다. 목에 두른 오색 스카프가 바람에 날려서인지 낙타마저 도도하게 느껴졌다.

열어 둔 차창 사이로 거센 바람이 불어 닥치며 차 안에 숨어있는 열기를 몰아낸다. 아이와 함께 그물을 들고 가는 남자와 비키니 수영복을 입은 여자는 실루엣 속 숨겨진 그림처럼 겹쳐서 사라진다. 기온은 금방 떨어져 추워졌고 사람들은 질레바에 달린 모자를 뒤집어쓴다.

카페 태시트TACIT 통유리 너머로 보이는 청간 해변의 에메랄드빛 바다를 닮은 해변이 보였지만 모래까지 뒤집으며 부는 바람 탓에 바다 산책은 접는다. 사시사철 불어주는 강한 바람 덕에 서핑족들이 몰려드는 곳이다. 여긴 에사우이라Essaouira다. 그들은 E를 묵음 처리해 '사우이라' 또는 '사우에라'라 발음한다.

수백 년 전 세상에서 걸어 나온 듯 기묘한 차림의 사람들이 우체국 앞에 길게 줄지어 서 있다. 나누어 주는 몇 푼의 동전을 받으려고 기다리는 걸인들이다. 길 건너 세상과 이곳은 사뭇 동떨어져 보인다.

밥 말리와 지미 핸드릭스의 거리

 불쑥 푸른빛 거리가 나타났고 덤블링 하는 청년들과 마주쳤다. 레게 머리를 하고 일렉기타를 치며 노래 부르는 흑인 청년의 깊고 아득한 목소리에 의식은 아지랑이처럼 흐물거린다. 정체불명의 몹쓸 것이 또 찾아왔다. 무언가 명치끝에 부딪혀 가슴을 찢는 것 같은 통증이 오래 이어졌고, 기운이 죄다 빠져버린 나는 혼자 오렌지색 탁자가 놓인 카페 앞 작은 나무 의자에 주저앉는다. 오랜 세월 거리를 지켜온 둥치 굵은 나무는 선선히 거리의 화가에게 그늘을 내어준다. 술을 팔지 않는 이슬람 문화 때문일까. 술 대신 달랬을 그 무엇의 흔적이 곳곳에 우수와 고뇌로 배어있다. 두 아들에게 에사우이라 거리 카페에 앉아있다고 카톡을 보낸다.

 '엄마 그 거리에서 밥 말리와 지미 핸드릭스가 살았고 공연했던 거리예요.'
 전율이 스친다. 밥 말리가 친구들과 결성한 그룹 '웨일러스'는 1963년 12월 '레게의 아버지'라 불리는 클레멘트 콕슨 도드가 설립한 스튜디오 원에서 킹스턴의 장기 자랑에서 말리에게 상을 안겨준 곡 '마음 가라앉혀요 Simmer Down'를 녹음했다. 노래는 킹스턴 하층 빈민가에 사는 사람들에게

순식간에 인기를 얻고 자메이카만의 독특한 음악을 재탄생시키며 자메이카 문화의 정체성에 뚜렷한 원천이 되었고 밥 말리와 자메이카 전체를 변화시키는 계기가 되었다.

    27세의 나이에 여자 친구 집에서 약물중독으로 사망한 지미 핸드릭스, 흑인과 인디언 혼혈로 시애틀에서 태어나 파란만장한 시절을 보냈다. 일렉기타에 탁월한 재능을 선보였던 그는 명멸해간 수많은 기타리스트 중에서도 누구도 이의를 제기하지 않는 독보적인 단 한 사람. 혁신적인 기타 주법을 시도하고 창시한 개척자이며 사실상 완결지은 종결자이기도 하다.

예술가들이 사랑한 천국 에사우이라

　많은 예술가들이 사랑한 도시 에사우이라. 오랜 문명과 역사의 소용돌이 후 남겨진 흔적을 원형대로 보존한 고요함 속을 걷다 보면 이곳을 새로운 천국이라 부르는 까닭을 금방 알 수가 있다. 현대영화의 아버지라 불리는 '오손 웰슨'이 인생의 끝자락을 보냈고, (내가 여행을 다녀온 몇 년 후 2021년 7월에 개봉된 우리나라 영화 〈모가디슈〉의 촬영지가 되기도 했다) 여전히 많은 여행자와 예술가들이 찾는 도시다.
　아무것도 관심을 가질 수 없을 만큼 몸 상태가 별로였던 시간을 걸어가 버린 공간에서 나는 그들을 만났고, 그들과 함께 커피를 마셨다. 뒷골목을 어슬렁거리며 카메라 렌즈 덮개를 연다. 생각만 하고 떠나오지 않았다면 죽을 때까지 알 수 없었을 지금. 어쩌면 여행은 계획하고 실천하는 것이 아니라 마음 내키는 곳으로 몸과 마음을 먼저 내보내는 일인지도 모른다. 밥 말리와 지미 핸드릭스의 향수를 느껴보고 싶어 해마다 이곳을 찾는다는 프랑스 노부부의 소원은 이 거리에서 그들의 음악을 들으며 걷다 죽는 것이라고 한다. 떠나오길 잘했다. 내가 아픈 이유도 분명히 있을 것이다. 가게 앞에 누워 오가는 이들의 친구가 되어주는 고양이는 오수午睡에 취했다.

사람들은 아지랑이처럼 흐물거리다 햇살 속으로 사라진다. 아무거나 잘 먹고, 숙소 안 가리고 잘 자는 내가, 오는 날부터 시작된 배앓이와 상관없이 의식意識의 흐름은 행복했다. 점심 식사는 굶어야지 생각하면서 몸은 생선튀김 거리 식당 앞에 가 있다. 뜨네기 손님에게 씌우는 바가지요금은 한국이나 이곳이나 비슷했고 가격을 흥정해 보았지만 뚜렷한 성과는 없었다. 생선을 굽던 할아버지는 내 안색이 나빠 보였는지 레모네이드 한잔을 건넨다. 생선 냄새와 연기가 다시 비위를 건드리는데. 쟁반에 수북하게 내 온 튀김 냄새를 맡은 위장은 끝내 화를 참지 못했다.

생각해 보니 태어날 때부터 몸이 약했다. 심장은 약해 작은 소리에도 깜짝깜짝 놀랐고, 가끔 숨 쉬는 것도 버거웠다. 소화 기능이 약해 먹기만 하면 체하고 위경련으로 시달렸다. 늘 피곤했고 늘 기운이 달렸다. 몸이 약하니 부모님들의 걱정과 안쓰러움이 다른 자식들에 비해 유달랐다. 바다가 없는 지역에 살면서 해삼을 많이 먹었던 것도 그 때문이었다. 지금의 체력과 건강은 부단히 노력해서 얻은 결과다. 그저 기온이 너무 높아 잠시 아픈 것뿐이라 생각하며 스스로를 위로한다.

그렇지만 라임 오렌지를 듬뿍 짜내 튀김 위에 뿌리다 말고 화장실로 뛰어간다. 푸세식 화장실은 비교적 깨끗했지만 이미 틀어진 비위에 토를 하고 만다. 끝내 생선 한 점 먹지 못한 나에게 생선가게 할아버지는 '위자'라는 차를 뜨겁게 끓여 내어준다. 배 아플 때 좋은 거라며. 'Good luck'을 주문처럼 외는 할아버지의 얼굴에 안쓰러운 마음이 겹친다.

에사우이라Essaouira 발치 아래에서

날아오르던 갈매기 한 마리가 바로 내가 걷는 발 앞에 똥을 내지른다. 눈에 익은 풍경은 '왕좌의 게임' 촬영지로 이용되었다는 포르투갈의 요새 카스바다. 하늘은 감추었던 속살을 드러내고 항구에 정박 된 배들은 남김없이 죄다 파란색이다. 이미 시간 감각을 잃어버린 나는 어디를 걷고 있는지 따윈 잊어버렸다. 지금 삶이 이대로 스러져도 좋을 만큼 몽롱할 뿐이다.

항구는 칙칙한 잿빛이다. 갈매기 떼를 따라 걷는다. 미릿한 냄새, 실적이고 미끄러운 길, 손수레에 생선을 얹어 놓고 판매하는 어부, 남루한 질레바를 입은 사람들은 문명과 전혀 상관없어 보인다. 굴다리 하나 건너왔을 뿐인데 수백 년의 격차가 느껴지는 항구다. 누군가 나를 향한 앙칼진 목소리.

"마다~~~~ 암!"

문득 정신이 든 나는 여자의 손에 몇 디르함의 동전을 건네준다.

약이란 약은 다 먹어 보았지만, 배탈은 다시 시작되었고, 몽롱함 속에서도 여전히 의식의 흐름은 행복이란 그물에 걸려있다. 우체국 앞에 줄지어 있던 사람들은 한치의 미동도 없어 보였고, 우체국 문은 굳건하게 닫혀있다. 불어오는 해풍에 머플러가 날아가고 풍선을 팔던 소년은 달려간다. 소

년은 머플러를 건네며 'Good Luck'을 외친다.

  바람이, 햇살이, 시간이, 공간이, 내가 사랑했던 가장 아늑하고 평화로운 그 어느 지점에서 멈추어버렸다. 청각으로 흘러든 '모짜르트 피아노 협주곡 21번'은 모세혈관 그물에 걸려있던 삶의 찌꺼기와 충돌한다. 해변을 거니는 여행자의 내면이 따뜻한 숨결로 채워지기 시작했고, 찌꺼기들은 이미 자정작용自淨作用을 통하여 흔적을 지운 뒤였다. 에사우이라 발치 아래에서 나의 모든 의식은 안도의 한숨을 내쉬었다.

쇼핑센터 화장실에 대한 나의 고백

 잿빛 항구의 시간은 빠르게 사라졌다. 지칠 줄 모르고 이어지는 아르간 농장의 규모에 놀란다. 아르가나에 다시 왔다. 위가 텅 빈 대신 뇌의 회로는 더욱 선명해지고 눈동자는 빛난다. 애쓰지 않아도 기억은 촘촘하고 생생하게 저장된다. 농장에 도착했지만 며칠째 제대로 먹지 못한 나는 늘어져 손끝 하나 움직일 수 없어 차 안에 혼자 남는다. 이 뜨거운 날에도 봇짐을 잔뜩 실은 당나귀의 신세는 달라질 게 없고, 대중교통이 없을 것 같은 허허벌판에서 행여 만날 행운을 기다리는 사람들 표정은 무심하다. 여전히 나는 당나귀에 집착하고 있다. 눈동자는 슬픈 듯, 입꼬리는 웃는 듯 감정을 알 수 없는 표정. 제 몸의 몇 배쯤 되는 등짐을 지고 걷는 뒷모습을 하염없이 바라보기도 한다. 나는 전생에 당나귀였을까.

 뜨거움을 견디지 못하고 차 밖으로 나온다. 척박한 땅의 기운을 죄다 쓸어 온 바람은 황량함을 쏟아놓는다. 휘청거리는 걸음으로 반대편 풍경을 담으려 도로를 건너는 나를 향해 뱀에 물려 죽고 싶지 않거든 제발 돌아오라 소리치는 사람들. 차는 다시 한참을 달렸고, 아르간 쇼핑센터에서 멈추었다. 가짜 아르간 오일이 넘친다는 모로코에서 유일하게 정품만 판매한다는데 그거야 알 수 없는 일이고. 가격을 훑어보니 생각보다 비싸다.

 엄마에게 선물할 올리브 오일과 샴푸를 사고 뭐라 설명하는 직원 말을 챙겨 들을 사이도 없이 화장실로 달려간다. 약을 먹어도, 차를 마셔도 멈추지 않는 설사. 창자가 끊어질 듯 고통스러운 시간을 보내며 배변을 마쳤는데 젠장 물이 안 나온다. 화장실마다 물을 받아 용변을 씻어 내릴 수 있도록 설치된 세척용 수도꼭지도 고장이다. 이때 누군가 문을 두드린다. 숨을 죽이고 기다리다 인기척이 없는 틈을 타서 탈출하듯 밖으로 빠져나온다. 아무도 나를 본 사람은 없는 것 같다. 그런데 청소하는 아주머니가 화장실로 들어가는 걸 보고 차 안으로 숨으려 했지만, 문은 굳게 잠겨있었다. 나는 그 옆 아르간 나무 뒤에 숨는다. 아르간 오일 마사지를 해주겠다며 쇼핑센터 직원은 나를 찾으러 나왔고 놀란 나는 손사래를 친다.
 십 분 남짓 되는 시간이 열 시간은 되는 것처럼 느려 터졌고, 차 문이 열리자마자 숨듯이 차에 올라탄다. 탈출하는 기분으로 빠져나오는 등 뒤가 따가웠고 '미안해요' 한마디 못 한 게 미안했다.
 'Bon voyage. Merci beaucoup.' 주워들은 몇 개 단어로 마라케시 어느 호텔 앞에서 프랑스 노부부와 이별을 한다. 피안의 세상으로 넘어가는 중에도 그들은 행복하리라. 에사우이라, 그곳에서 현실이라 믿기 힘든 특별한 경험과 영감을 얻었다.

3부
여름 아틀라스

용서할 수 없는 그녀

 마라케시의 세 번째 아침이 밝았다. 뜨거운 커피를 들고 베란다로 나간다. 베란다라고 해야 한 뼘 정도지만 밖의 풍경 보는 재미가 나름 괜찮다. 나무를 오르내리며 고양이는 죄 없는 새를 쫓는다. 검은색 질레바를 입은 여인도 부지런히 새벽을 쫓는다. 낡고 우중충한 옷을 걸친 남자를 태운 늙은 당나귀는 침을 질질 흘린다. 마라케시의 변두리 새벽이 천천히 지나가고 있다. 갑자기 고양이에게 쫓겨난 새가 앙칼진 소리를 내고, 놀란 고양이는 치타처럼 날아 옆 나무에 아슬하게 매달린다.
 아침을 먹기 위해 대충 옷을 걸치고 나온다. 큰 소리로 '살라말리콤' 인사하는 왓치맨 아저씨, 나는 손을 흔든다. 나란히 붙어있는 카페 주인들과 오가며 인사를 나눈 처지니, 이젠 골라서 들어가는 것도 미안해 차례대로 카페를 옮겨 다닌다. 스페인이나 유럽에서 먹어본 것보다 모로코에서 먹은 올리브나 오렌지 주스가 나는 훨씬 더 맛이 있었다.

 어제 들렀던 카페 주인에게 눈인사를 건네고 옆집을 가리키니 고개를 끄덕이며 웃는다. 오늘도 더럽고 뾰족한 침을 가진 파리 떼가 극성인데다 사람에게도 달려드니 여간 성가신 게 아니다. 옆자리에 앉은 남자는 신경질

적으로 파리채를 휘두르며 "She is crazy!"라고 소리친다. 여자 파리인 모양이다. 여행 내내 잘 먹지 못하는데다, 토사곽란을 하는 내가 딱해 보였는지 벤자민은 내 빵에 달라붙는 파리를 용서할 수 없다며 죽여버린다고 호들갑을 떠는 사이, 카페 주인이 파리채로 몇 마리를 즉사시킨다. 자기가 죽이려고 했다는 말만 반복하는 벤자민은 입만 살았다. 파리가 찌른 빵이 꺼림칙했지만, 오늘 아침은 조심스럽게 하나를 다 먹었는데 다행히 괜찮다. 불쑥 빵 한 조각에 대해 생각했고, '그것은 곧 정신과 육체의 균형을 유지시켜 주는 가장 근본적인 삶의 요소이며, 이성과 감정의 모호한 경계를 구분 짓는 것'이라고 혼자 결론지었다.

풍요의 여신 아틀라스

 마라케시는 아틀라스 산맥 북쪽 80km 지점에 위치한다. 붉은 성곽의 도시는 성문을 통과할 때마다 180도 다른 풍경을 보여준다. 외곽으로 빠질수록 도로는 한산했고 끝도 모를 하우즈 평야가 펼쳐진다. 지중해 쪽에서 습한 기운을 안고 불어오는 바람의 영향으로 비가 많이 내려 아틀라스의 북쪽은 비옥한 초록으로 변했다.
 산맥은 겨우내 물을 품었다가 봄이 되면 들판으로 흘려보내 기름진 옥토를 만들고 와디즈Wadiz라는 많은 강을 만들어 낸다. 가뭄으로 산에서 물이 흘러내리지 않으면 들판은 와디Wadi라는 건천이 된다. 아프리카 북부에 위치한 산맥으로 모로코와 알제리 튀니지에 걸쳐 있으며, 그 길이는 장장 2,000km나 된다. 평균 높이는 해발 2,000m이며 아틀라스 산맥 중 가장 높은 봉우리는 모로코에 있는 투브칼산으로 높이가 4,167m나 된다.

 동쪽으로는 이탈리아의 시칠리아섬과 아펜니노 산맥, 서쪽으로는 북아프리카의 애팔래치아 산맥과 하나로 이어져 있었던 지금의 히말라야 산맥보다 더 큰 산맥이었다. 움푹한 허리 아래 구름을 담은 산맥은 태아를 잉태한 산모 같다. 사이프러스 나무가 우거지고, 원색의 화려한 질그릇을 파는 가게가 즐비하다. 추수가 끝난 밀밭을 지나면 오색 빛 천으로 치장을 하고 손님을 기다리는 낙타를 만난다. 아틀라스의 사랑을 듬뿍 받은 평야는 당나귀를 타고 가는 어린 소녀를 품는다. 에사우이라로 향하던 길에서 마주했던 갑갑함과 무거움은 사라졌다. 풍요의 여신은 치마폭으로 대지를 감싸 안고 축복을 내린다. 그 푸르름에 동화된 여행자의 마음에도 시원한 비가 내린다.

이파리 하나가 어른 손바닥보다 더 큰 선인장은 올리브나무 키를 훌쩍 넘는다. 푸른 숲에 가려진 베르베르족 붉은 마을은 '차르륵' 커튼을 열어젖힌 것처럼 한꺼번에 보였다가 사라진다. 그들의 신에 대한 경건함은 단호하며 높은 자존감으로 빛난다.

낙타의 운명

지난겨울 하이 아틀라스 산맥을 바라보며 낙타 등에 올랐던 산맥 중턱에서 잠시 휴식을 취한다. 50도 가까이 되는 폭염, 그늘 한점 없는 땡볕에 앉지도 서지도 못하는 신세가 된 낙타 한 마리, 바닥에 심어둔 쇠말뚝에 바짝 당겨 맨 목줄 때문에 머리는 땅에 닿을 듯하고, 한쪽 다리는 드럼통에 반쯤 꺾인 상태로 묶여 '푸푸' 코 거품을 만드는데 차마 볼 수 없는 나는 외면한다. 지난겨울에 본 낙타의 모습과 달라진 것이 없다. 돈벌이에만 급급한 인정머리 없는 인간의 모습에 괜히 부아가 치밀었다. 짐승이든 사람이든 태어나고 자라야 할 곳은 운명이라 해도, 그들의 의지와 전혀 상관없는 고통과 삶의 무게조차 운명으로 치부해야 하는 걸까.

지난겨울의 회상

 지난겨울 눈 덮인 아틀라스 산맥을 바라보며 따진을 먹고, 차를 마시던 베르베르족 아저씨 집에 들러 안부를 전할 생각이었는데 길이 너무나 생소하다. 공간지각 능력이 떨어진 걸까. 베르베르족 여인이 손을 흔들고, 해진 옷을 입은 어린아이들이 달려와 산딸기를 팔던 구절양장 협곡으로 이어진 길은 어디에도 없다. 알고 보니 이곳은 지난겨울 들렀던 북쪽과 반대편인 아틀라스 산맥의 남쪽이다. 여름이면 눈이 녹은 물이 넘쳐흐르는 이곳으로 북쪽 산맥에서 겨울을 난 사람들이 이동해와 여름을 난다. 버스나 승용차로 이동하기에도 지치는 날씨에 양 날개뼈 사이로 기립 근이 선명하게 일어선 남녀 한 쌍이 자전거를 타고 산맥을 오른다.

 긴 겨울잠에서 깨어나 흘려보낸 아틀라스의 눈물은 수많은 와디즈를 만들어, 뜨거운 태양 아래 협곡을 오르는 여행자의 여름날을 식혀주고 있다. 이므릴 계곡 앞에서 차를 세우고 파라솔 하나를 고른다. 예쁜 바구니에, 살구며 복숭아 체리를 담아 파는 소년, 지금껏 먹었던 과일에 비하면 형편없는 맛이었지만 자두와 복숭아를 더 산다. 계곡물에 발을 담근 채 따뜻한 민트 차를 마신다. 목적지 우리카Ourika 계곡으로 달리는 중에 꿀 같은 휴식을 즐기는 중이다.

아름다운 세티파트마 마을

미래에 있는 지인들이 묻는 안부에 나는 답한다.
'지금 30년 전 세상에서 아틀라스 산맥이 보이는 이므릴 계곡 물에 발 담그고 차 마시는 중임.'
나른한 천상의 오후를 보내는 것 같은 착각이 들 만큼 정직하고 투명한 햇살에 자연은 속살을 있는 그대로 보여준다. 그 위로 태양은 긴 그림자를 던진다. 알록달록 예쁜 색감이 돋보이는 세디파트나 마을은 지나치게 아름답다.
아기를 업은 베르베르족 여인이 푸른색 양산을 쓰고 지나간다. '툭, 툭' 공중에서 쏟아진 듯 여기저기서 아이들이 뛰쳐나온다. 파란색 미니버스에서 양복을 입은 할아버지가 내리고, 지붕을 수선하던 여인은 '봉주르' 인사를 건넨다. 노란 간판이 달린 집 뜰엔 붉은 꽃이 선명하고, 알록달록 예쁜 질그릇이 들꽃 사이에 놓여있다. 히잡을 쓴 소녀가 부엌으로 도망간다. 오래된 자작나무는 살랑바람에 헤픈 몸살을 하다 나뭇잎을 떨군다. 건너편 산허리에 붙은 베르베르족의 집은 붉은 요새 같다.
불화살을 맞은 대지는 아지랑이를 피워 올린다. 오토바이를 타고 달리는 사람들이 흐물흐물 사라진다. 모로코는 버스나 기차를 타고 여행할 수

있는 곳이 제한적이다. 나라가 워낙 크기도 하지만 오지로 가는 길은 대부분 좁은 협곡을 지나고 산간 지방을 거쳐야 하기 때문이다. 그래서 승용차를 렌트하거나, 밴을 이용하는 것이 가장 편리하고 유용하다. 밴의 지붕에 앉아 구불거리는 협곡을 흔들리며 여행하는 사람들을 보는 건 아주 흔한 일이다.

 빠져나오려는 차들과 진입하려는 차들이 뒤엉킨 막다른 길 끝이 오늘의 목적지이다. 차에서 먼저 내려 마을을 담는다. 붉은 몸으로 하늘을 떠받쳐 안은 형상을 한 마을은 자연채광으로 빛난다. 태양은 선인장의 넓은 품에 안겨 몸을 식힌다.

산악 가이드 유세프

마른 체구지만 팔뚝과 등에 근육이 선명하게 포진된 산악 가이드 유세프의 얼굴은 선善해 보였고, 피부는 가무잡잡하고 말투는 친절했다. 그의 뒤를 따라 아틀라스 산맥을 오른다. 우리카Qurika 폭포가 목적지다. 평상시 산행으로 다져진 체력 덕분에 가뿐하게 걸어가는 나를 보고 산악 전문가라 칭찬하는 모르는 남자는 연신 감탄사를 쏟는다. 아이쿠! 앞이나 잘 볼 것이지 광대뼈 튀어나온 동양 여자 뒤통수를 쫓던 그는 기어코 바위에 미끄러져 무릎이 까인다.

총천연색 옷감과 기념품을 파는 가게가 예쁘다. '살라말리콤' 보는 이들은 누가 먼저랄 것도 없이 인사를 건넨다. 대문이 예쁜 집 앞에서 갑자기 멈춘 유세프는 기다렸다는 듯 마중 나온 부인과 두 딸을 소개한다. 대여섯 살쯤 되어 보이는 그의 막내딸은 손을 내밀어 악수를 청하고는 갑자기 잡은 손에 뽀뽀 세례를 퍼붓는다. 유세프는 뒤를 바짝 쫓는 나에게 직업이 클라이머냐 묻는데 나는 웃으며 고개를 끄덕인다. 전업해야겠다, 아무래도.

수직으로 일어선 바위를 기어서 오른다. 일행들 뒤를 다 봐주고 마지막으로 오르는데, 샌들을 신고 온 예쁘장한 모르는 여자아이의 높은 굽이 신경 쓰여 벗고 걸으라 이른다. 삐끗해 넘어지거나 바위에서 미끄러지는 날엔 바로 절벽 아래 천국이나 지옥으로 직행이다.

사선 방향 벼랑 끝에 흰색 터번을 두른 남자가 신선처럼 앉아 있는데, 그 곁에 곧게 뻗은 긴 다리와 길고 아름다운 갈기를 가진 흰색 말은 금방이라도 하늘로 날아오를 것만 같다. 가파르고 좁은 철제 난간을 비비적거리며 올라 매점에 들른다. 우리카 폭포가 잘 보이는 곳에 자리를 잡고 밍밍하고 맛이 그저 그런 환타를 사서 마신다. 폭포수에 입수해 노는 사람들이 지르는 환호성이 뜨거운 여름날을 식혀주고 있다.

미친 프랑스 청년

내려가는 길도 위험하긴 마찬가지다. 절벽은 입을 벌린 채 천국과 지옥을 고르라 한다. 그런데 앞에 가는 청년이 이상하다. 지체 장애가 있는 걸까. '으흐으…' 몇 번을 절벽 아래로 떨어질 듯 위태로운 추임새를 보이는데, 프랑스에서 같이 왔다는 청년들은 친구를 보살필 생각은커녕 웃고 떠들며 심지어 미는 시늉까지 한다. 그런데 세상에! 가까이 가니 역한 술 냄새가 진동한다. 이때 유세프가 너희 모두 미친놈들 같다며 벼락 치는 소리와 함께 절벽 아래를 가리킨다. '죽고 싶은 거 맞냐고.' 그제야 친구들은 청년을 부축하고 히죽거리던 청년 얼굴도 사색이 된다.

척박한 산 중턱에 야생화가 흐드러지고, 난쟁이처럼 작은 나무들은 둥글게 숲을 만들었다. 자연은 열악한 환경 속에서도 생명을 만들고 질서를 유지한다. 우리카 폭포 반대편으로 내려오니 초반에 올랐던 상점 골목과 길이 겹친다. 햇살은 천연염료로 염색을 해서 널어둔 옷감을 지상에서 가장 아름다운 색으로 발색시킨다.

사하라에서 온 할아버지의 초대

커다란 나무 그늘 밑에서 파란색 천을 깔고 앉아 차를 마시는 할아버지와 젊은 여인, 턱 밑까지 내려온 하얗고 긴 수염을 쓰다듬는 할아버지는 탈무드에 등장하는 랍비 같다. 유세프가 내 어깨를 '툭' 치며 사하라에서 온 할아버지인데 당신에게만 차를 대접하고 싶다는 말을 전한다. 동화 같은 풍경 속으로 나는 신발을 벗고 들어간다. 그들이 불교 신자도 아닌데 두 손을 모으고 합장을 한 나는 왜 그랬는지 모르겠다. 일행에게 손짓하는 나에게 유세프는 다시 각인시킨다. 너만 초대했다고.

할아버지는 검은색 작은 주전자를 최대한 높이 들고 은색 잔으로 밀크티를 따른다. 그 모습이 너무 진지해 마치 무슨 의식을 치르는 것처럼 느껴졌다. 나른하고 부드러운 밀크티는 거부감 없이 달콤해 연거푸 석 잔을 따라 주는 대로 마셨다. 헤나 장식을 한 젊은 여인에게 다가가 말을 붙인다. 어차피 서로 못 알아들으니 각자 자기 말을 하는데도 둘은 깔깔거렸고, 여인과 할아버지의 언어는 너무 특이해 외계어처럼 들렸다. 화덕에 불을 붙여 따진을 만드는 청년은 그녀의 남편인 모양이다. 누가 할아버지 자녀인지는 모르겠고, 혼자서 호사를 누린 것 같아 일행에게 민망한 마음이 들었다.

비행기에서부터 시작된 사하라의 인연, 나의 다음 여행지를 예견이라도

하는 걸까. 할아버지의 알 수 없는 언어에 나는 꼭 찾아뵙겠다고 대답한다. 나의 도움으로 일행을 도와 산을 쉽게 내려올 수 있어서 고맙다며 유세프는 행운을 빈다. 우리카 폭포수가 흘러내리는 마을 계곡물에 발을 담그고 따진을 먹는 나를 다시 찾아온 그는 악수를 청하며 엄지를 치켜든다. '당신은 진심으로 아름답고 따뜻한 여행자라며.' 전생에 무슨 덕을 쌓았기에 이리도 복이 많은 걸까. 민트 차는 구름을 탄 듯 몽롱하고 나른했다.

4부
제마 알프나 광장의 두 얼굴

고마운 인샬라

지난겨울에 따진을 먹었던 베르베르족 집에 들러 안부라도 전하고 싶은 마음을 접지 못하고 북쪽 산맥 마을에 데려다 달라 부탁한다. 눈으로 덮였던 마을은 꽃과 푸른 잎사귀로 덮여 완전히 달라져 있었다. 오르락내리락 헤매다 방향감각만 잃는다. 나는 진심으로 미안했고 '인샬라'로 퉁 치는 그들이 고마웠다.

통통하게 살이 찐 남자를 업은 당나귀는 좁고 가파른 협곡을 죽을힘을 다해 오르고, 그 뒤를 자기 몸보다 더 큰 나뭇짐을 머리에 인 여인이 따라간다. 이곳은 시간을 뒤로 넘어 문명의 혜택을 전혀 받지 않았던 공간에 머물러 있다. 푸르게 변한 숲 때문인지 유독 하얗게 빛나는 모스크와 두 남녀의 모습은 모순처럼 느껴졌다.

제마 알프나 광장의 두 얼굴

얼마간 정신을 놓고 있던 우리는 비밀스러운 광장으로 흡수된다. 어둠이 내린 마라케시는 야누스로 변했다. 낮의 얼굴을 감춘 밤은 교태스럽다. 붉은색 성문으로 들어가는 순간 수백 년의 시간이 사라진다. 알라딘의 요술램프 속이다. 원숭이를 끌고 가는 남자, 봉 하나에 의지해 서커스를 하는 소년, 앵무새를 빌미 삼아 돈을 받고 사진 찍는 사람, 한 무리의 사람들 가운데서 전통악기를 연주하며 모자를 내미는 사람, '딸링, 딸랑' 방울을 흔드는 물긷수, 마술하는 사람, 양꼬치 굽는 냄새, 수다스러운 질레바 여인, 구두 닦는 남자, 너댓 살밖에 안 되어 보이는 아기가 화장지를 팔아달라 손을 내밀고, 멀쩡하게 생긴 젊은 여자들도 아무한테나 손을 내민다.

어둠과 인파가 함께 쏟아진 광장은 퍼즐처럼 기이한 문양을 만든다. 40도 중반을 오르내리는 7월 한 달 동안 대부분의 모로코 사람들은 일하지 않는다. 낮엔 종일 잠을 자고 밤이 되면 거리로 쏟아져 나오는 사람들은 흡사 그물에서 털어 낸 멸치 떼 같다. 여기저기서 영혼을 빼앗았으니 돈 내놓으라며 그놈의 '마담'을 어지간히 불러댄다. 무관심이 제일 좋은 처방이다. 이젠 화장이고 뭐고 귀찮아 헐렁한 고무줄 바지에 티셔츠 하나 걸치고 스카프로 대충 둘둘 말고 다닌다. 헐렁한 바지만큼이나 마음도 편안해졌는지

나는 샌들을 꺾어 신고 다녔다.

  알라딘 복장을 하고 터번을 쓴 남자가 피리를 부니, 목을 곤추세운 코브라는 혀를 날름거린다. 코브라와 함께 사진을 찍으라며 행인들을 상대로 호객행위를 하는 두 남자를 피해 사람들은 질겁하며 도망친다. 그때 젊은 남녀 한 쌍이 겁도 없이 목에 코브라를 두르고 포즈를 취하는데, 내가 보기에는 목숨을 담보하는 짓 같다. 어떤 순간에도 만용이나 예방할 수 없는 위험을 자초하지 말자는 게 내 생각이다.

  갑자기 피리를 불던 남자가 다급하게 소리치며 사람들을 쫓는다. 뒤집어 둔 커다란 고무통 안에 있던 세 마리의 코브라가 탈출한 것이다. 목을 뻣뻣이 쳐들고 혀를 날름거리며 인파 속으로 빠르게 돌진하던 녀석들은 남자의 손에 목을 잡혀 다시 통속에 갇히는 신세가 된다.

  노랫소리, 악기 소리, 행인들 지나가는 소리, 호객꾼 소리, 방울 소리, 구걸하는 소리가 한데 뭉치고, 고기 굽는 냄새까지 더해진 여름밤은 나를 미혹한다. 인파가 밀려오고 밀려가는 광장 한복판에 오래도록 서성인다. 불빛이 만들어 낸 길고 긴 그림자가 인파 속으로 구부러져 사라지고 나도 한 뭉치 사람들 속으로 스며든다. 나의 삶도 이렇듯 평온하게 세상에 흡수되길 바라며 천천히 걸음을 옮긴다.

구걸하는 아기와 빵 파는 아기

나를 발견한 과일가게 청년은 큰 소리로 부르며 회심의 미소를 짓는다. 청년이 건네는 미끼용 주스 한 모금을 마시고 수박 주스 한 잔을 주문한다. 주스를 마시느라 뒤로 젖힌 고개를 들어 올리다 마주친 커다란 눈망울. 서너 살 정도 된 남자아이의 눈동자. 차마 더는 마실 수가 없어 아이에게 건네주니 벌컥벌컥 마시다 남은 양을 보고 겁에 질려 돌려준다. 어지간히 눈칫밥을 먹는 모양이다. 남은 주스를 다 먹여준다. 구걸하는 아이들에게 다 사 먹일 수도 없고, 그렇다고 그게 좋은 일도 아닌 것 같고. 돌아서는 등에 씁쓸함과 안타까움이 매달린다.

온 가족이 구걸하며 사는 사람들이 많다니 기가 찰 뿐이다. 태어나면서부터 구걸하는 법을 가르치는 그들은 조상 대대로 그리 살아왔기에 너무나 당연하게 다른 나라 여행자의 지갑에 집착하는지도 모른다.

그런데 방금 수박 주스를 먹여줬던 아이 곁에 젊은 여자가 서 있다. 아이 등을 '툭툭' 치며 다른 여행자를 향해 떠미는 여자는 놀랍게도 엄마였다. 실컷 뛰어놀다 배고프면 엄마가 만들어 준 음식을 먹을 수 있는 권리 따윈 아예 모태부터 존재하지 않는 아이들이다. 여행객 뒤를 졸졸 따라다니며 손을 내미는 아이 눈은 졸음이 그득하고 몸은 지쳐 보인다. 아이를 잃어버릴

까 봐 내 마음이 다 조바심이 났다. 지난겨울 모하메드가 모로코 사람들에게 그토록 진저리를 쳤던 이유가 이해되는 순간이다.

　점점 많아지는 인파, 서로 부딪히니 짜증도 나고 자칫 누군가 넘어지는 날엔 도미노처럼 무너질 것만 같다. 그 복잡한 광장 한복판에 서너 살 정도밖에 안 되어 보이는 아이가 바닥에 앉아 자기 몸만큼 큰 빵을 작은 수레에 올려놓고 팔고 있다. 재롱을 피우기에도 시간이 모자란 아이들을 앵벌이로 내모는 정신 나간 부모들이 점점 기가 찰 뿐이다.

미혹의 시간이 지났다. 프랑스인이 운영하는 피자집에서 피자를 먹을 생각이었지만 입맛이 딱 사라져 서둘러 광장을 빠져나온다. 몇 겹의 세월을 보낸 것처럼 정신은 멍했고 영혼은 도둑맞은 기분이다. 결국, 숙소로 돌아가는 길에 생선 골목에 들러 오징어랑 새우 그리고 가자미 비슷한 생선을 튀겨 늦은 저녁을 먹는다. 그날 밤도 화장실을 들락이며 꼬인 장을 달래느라 혼쭐이 난다.

에어컨도 없는 숙소에서는 밤새 선풍기가 돌아갔고, 내가 스스로 떠밀어 찾아온 이 길은 어쩌면 내 자리로 돌아가기 위한 연습이거나, 내가 몰랐던 나를 발견하는 시간일 거라고 자꾸만 내게 말을 걸어 주었다.

초록별이 출렁이는 밤

  오후 7시쯤 마라케시에 도착해 마르잔에 들러 몇 가지 채소와 올리브를 산다. 잔치국수를 만들어 먹을 생각이다. 멸치와 양파, 대파, 매운 고추를 넣고 얼큰하게 육수를 우려낸다. 국수를 삶아 찬물에 헹군 후 대접에 얼려 둔 얼음을 섞은 물에 뒹굴려 뜨거운 육수를 붓는다. 하얀, 노란 계란지단도 썰어 얹고, 대파 송송 썰어 얹고, 김도 부셔 얹는다. 벤자민과 수카이나 자매는 단숨에 국수를 흡입했고, 육수를 우려내고 건져 둔 멸치와 다시마까지 맛있다며 먹는다. 모로코에서 다시마는 먹을 수 없는 해초에 불과하다며.

  덥고, 잠도 오지 않아 마라케시의 야경을 보러 나선다. 흰색 말 두 마리가 끄는 마차를 타고 천천히 밤거리를 둘러본다. '따각, 따각' 말발굽 소리가 밤의 고요를 헤집고 붉은색 도시는 출렁이는 불빛으로 화답한다. 구두 닦는 소년, 노래하는 악단, 화덕에서 피어오르는 연기, 물결치던 인파와 광장은 뒤로 멀어지고 화려한 도시 한가운데로 마차는 달려간다. 몸 전체를 붉은 전구로 장식한 호텔은 밤의 여행자를 유혹하고, 나뭇가지에 걸린 초록별은 밤을 흡입한다. 말에게 물을 먹이기 위해 비싼 호텔 앞에서 자주 마차를 세우는 마부 덕분에 지나는 사람들의 눈총을 받아야 했다.

    은하수 모양의 전구가 그네처럼 늘어진 마라케시의 밤거리를 천천히 걷는다. 한낮의 태양을 피해 까만 커튼 속에 숨어 있던 사람들이 한꺼번에 쏟아져 나왔고, 그 인파에 몸이 같이 휘둘린다. 각국의 사람들이 섞여 이야기를 나누는 노천카페를 발견하고 자리를 잡는다. 아보카도 아이스크림 7유로, 아메리카노 5유로, 물가가 싼 모로코를 생각하면 상당히 비싼 가격이다. 초록별에 취한 여행자는 마라케시의 농염한 불빛 아래에서 아이스크림을 먹으며 속절없는 시간을 보낸다.

5부

사하라를 위한 위대한 여정

하얀 나비와 행운의 여신

　배앓이도 수그러들고 식욕이 발동한 나는 동네 카페에서 오믈렛과 빵, 오렌지 주스, 그리고 홍차를 주문한다. 왓치맨 아저씨가 손을 흔들고 습관처럼 차이나를 합창하는 소년들. 늙은 개 한 마리가 구부정한 허리를 펴지도 못하고 걷다 그늘에 주저앉는다. 차가운 물을 입에 물고 늙은 개의 등에 '푸푸' 뿜어준다.

　'앗 따거.'
　파리는 뾰족한 입으로 팔목을 쏜다. 벤자민은 내 팔목을 찌른 그녀를 용서할 수 없다며 죽여버리겠다 난리를 친다. 그가 크레이지만 남발하는 사이 오늘도 카페 주인이 그녀와 친구들을 해치운다. 식욕은 다시 물러가고 나는 차에 홀로 남는다. 문득 차 안으로 하얀 나비 한 마리가 날아든다. 나풀나풀 춤을 추듯 차 안을 한 바퀴 돌던 나비는 이내 몽환의 언덕으로 사라진다. 이상했다. 여긴 꽃 한 송이 볼 수 없는 건조한 도시 마라케시의 변두리 마을이다. 한낮엔 섭씨 50도 가까이 오르내린다. 떠나오기 전부터 난 공황증 환자처럼 몹시 아팠다. 이곳에서도 무겁게 짓누르는 무언가의 무게가 여전히 나를 압박했고 실제로도 장이 탈이 나서 많이 아팠다.

"하얀 나비가 날아들었어. 차 안을 천천히 돌더니 어디론가 사라져 버렸어."
 탈진한 나는 독백하듯 중얼거렸고, 하얀 나비는 크나큰 행운을 상징한다며 그들은 나를 행운의 여신이라 불렀다. 사하라로 향하는 여정이 무사하길 바라는 그들은 내 손등에 입을 맞춘다. 상태가 좋지 않은 몸과 정신은 피안의 언덕을 맴돈다. 나를 뺀 모두는 하얀 나비 덕분에 마음이 부푼 모양이다.

 행운의 여신도 교통 체증과 도심의 크레이지 운전자들 앞에서는 속수무책. 마라케시를 빠져나가는 길은 변함없는 지옥이다. 미친 듯 경적을 울리며 고래고래 소리 지르고 삿대질을 날리는 벤자민. 미친놈 중 상급이다, 불가피한 상황으로 차가 막혀도 차 문을 열고 상대방을 공격하는 통에 짜증과 스트레스가 폭증한다. 앞자리에 앉은 죄로 입꼬리 올리며 미안하다 사과하느라 바쁜 나다.
 "너는 다른 사람들에게 크레이지라 외치는데, 내가 보기엔 네가 제일 미친놈 같아. 한국에서 이렇게 운전하면 너는 보복 운전으로 감옥에 갇히고 말 거야."
 인내의 한계를 느낀 나는 선을 넘었다. 너절너절 변명을 늘어놓으며 운전에 대해서만큼은 자부심이 있다는데 젠장 운전이나 잘하라지. 모로코 사람들이 배움이 없어 질서를 지키지 않는 거라며 갑자기 동포를 팔아먹는다. 질서를 안 지키는 건 너도 똑같다며 소리치고 싶었지만, 이미 경계를 넘은 감정을 부추기는 건 위험할 것 같아 마른침을 삼킨다.

밥 말리를 사랑한 사람들

 하이 아틀라스 산맥을 마주 보며 달린다. 유칼립투스 나무와 선인장이 끝없이 이어지는 길 위엔 봇짐을 실은 당나귀와 자동차가 달린다. 붉은 황톳길에 세워진 밥 말리의 초상화는 자꾸 뒤를 돌아보게 한다. 교통지옥은 사라지고 마음은 다시 평온을 찾는다. 팜트리와 유칼립투스, 선인장이 즐비한 거리에 알록달록한 과일바구니가 아름답다. 주렁주렁 탐스럽게 열린 오렌지 농장을 지나 시골의 작은 마을을 거쳐 차는 또 달린다. 질주하는 현대문명 사이로 마차 한 대가 달려간다. 두건을 두른 여인이 붉은 질그릇을 팔고, 당나귀 등엔 나뭇짐이 업혔다. 양치는 노인의 남루한 옷자락 사이로 시간은 과거로 돌아가고, 문명은 앞을 향해 달린다. 과거와 현재 미래가 공존하는 나라 모로코.
 밥 말리를 사랑한 그들의 마음은 이곳까지 이어진다. 에사우이라를 향해 달릴 때의 척박한 모습 대신 풍요의 신은 아틀라스 산맥을 품었다. 태고의 모습을 지키며 수많은 영혼의 위로가 되었을 산맥의 위대함에 마음은 저절로 경외감에 젖는다.

 고막이 막히며 귀에 약간의 통증이 느껴졌다. 고도가 높아진 모양이다.

3D 영상처럼 산맥은 눈앞을 덮었다가 사라지길 반복한다. 굽고 휘어진 길은 가팔랐고 협곡을 휘돌아 쳐 오를 땐 행여 마지막인가 가슴을 부여잡았다. 사고의 위험 앞에선 모두가 침묵했다. 부디 '인샬라!'로 모든 상황을 통치지 않길 바라며 안전운전을 당부한다.
"네가 조심해서 운전할 때 정말 멋있어."
진심을 담은 말에 그는 진짜 조심하는 모습을 보여 준다.

트럭 짐칸에 실린 소의 커다란 눈망울이 슬프다. 염소와 양을 실은 트럭도 지나간다. 저 아이들은 자신이 마지막 운명의 고개를 넘고 있음을 알고 있을까. 사각지대에 숨어있다 갑자기 차를 막으며 튀어나오는 소년들 때문에 몇 번을 급정거했는지 모른다. 알제리나 튀니지 세네갈에서 넘어온 아이들이다. 차 문을 단단히 잠그고 여권을 조심하라 이른다. 로드킬을 당하기도, 굶어 죽기도 하는 아이들은 그나마 운이 좋으면 누군가의 차에 실려 한 끼의 먹거리를 얻어먹고 시골 마을 어딘가에 내려진다. 버려진 아이들은 평생을 구걸하며 살아간다.

아틀라스는 거대한 구름 두 개를 피워 올렸다. 차를 세워 달라 부탁하고 조심하라는 말을 들은 체, 만 체, 길을 건너 뛰어간다. 보고도 믿기지 않는 현실. 두 손으로 산맥을 받쳐 들고 구름을 잡아채 본다. 목동도 없이 수백 마리의 양 떼가 질서 정연하게 산 아래로 내려간다. 카메라를 만지작거리는데 갑자기 검은색 커다란 개가 나타나 맹렬하게 짖는다, 수백 마리의 양 떼를 지키는 목동은 그 멋진 개였다. 협곡은 멈추었고 대신 작은 마을에 도착한다. 강하고 투명한 햇살이 지상으로 내리꽂으니 자연은 여과 없이 제 모습을 드러낸다.

아나콘다 로드 마을 청년과 나의 동상이몽

티진티치카Tizi N Tichka 도로는 두 마리의 아나콘다가 하늘로 오르는 형상을 닮았다 해서 '아나콘다 로드'라고도 부른다. 그 도로가 시작되기 전 산맥 아래 휴게소에 들른다. 형형색색 화려한 스카프가 늘어진 건너편 가게의 풍경을 담기 위해 카메라 렌즈를 연다. 환하게 웃으며 건너오라 손짓하는 청년, 마음대로 사진을 찍어도 된다며, 하지만 서두르지 말라며 바쁘게 셔터를 누르는 나를 잡아끈다. '물건을 팔려고 하는 걸까,' 여행자 마음엔 경계가 먼저 싹이 트는데 내게 직접 터번을 둘러주며 눈만 내놓게 하고 아름답다를 연발한다. 티 없이 맑은 그의 웃음에 나도 따라 웃는다.

사진을 같이 찍고 싶다는 그는 수줍게 내 손을 잡았고, 못난 여행자는 계속 '얼마를 줘야 하나' 한 가지 생각에 골몰해 있다. 가게 안이 더 예쁘다며 들어오라는데 정말 꺄악! 놀랄 정도였다. 천연염색으로 물들인 머플러와 각종 기념품의 아름다운 색채에 놀랐고, 생긴 모양이 너무나 앙증맞고 예뻐서 또 놀랐다. 민트 차를 석 잔이나 대접해 주는 청년의 마음이 호의라는 것을 알아챘지만, 나는 터번 값을 계산하려 했고, 그는 선물이라며 완강히 거절했다. 그리고 호두 한 봉지와 1.5리터 얼음물까지 선물한다. 이럴 줄 알았으면 컵라면이라도 가져왔을 텐데, 막내아들이 선물해준 포토 인화기

를 트렁크 깊이 넣어둔 게 너무 아쉬웠다.

  나를 지켜보던 사람들은 '그것 봐. 너는 행운의 여신이 틀림없어.'라며 사하라까지 무사히 갈 수 있을 거라 확신한다. 풀을 베던 소년이 손을 흔들고 게으른 남자를 태운 당나귀는 땡볕을 걷는다.

천상의 카페에서

드디어 Tizi N Tichka가 시작되는 길로 진입한다. 길은 더 가팔라지고 휘어짐도 심하다. 보수하는 차량으로 길이 막혀 일시적 정체가 일어나고 지열과 합쳐진 먼지는 유령처럼 흐물거린다. 점차 윤곽을 드러내는 길을 거슬러 올라 그 길의 꼭짓점에 이른다. 주인 없는 기념품은 가판대와 돌담 위에 앉아 일광욕을 즐긴다. 갑자기 더위를 피해 손바닥만 한 그늘에 피신해 있던 상인들이 하나, 둘 모습을 드러낸다. 너무 비싸 기념품 사는 건 포기한다. 협곡 아래 우리가 올라온 길은 정말 두 마리의 아나콘다가 하늘로 오르는 형상이다. 상인들은 카메라만 만져도 민감하게 반응한다.

두 개의 아치형 붉은 기둥이 마치 궁전 입구처럼 보이는 쇼핑몰까지 달린다. 기다렸다는 듯 상인들이 쏟아져 나와 자신의 가게에서 파는 물건을 보여 준다. COL DU TICHKA ALT 2260이라 새겨져 있는 이곳은 해발 2,260m 높이에 있는 아틀라스 산맥이다. 대체로 기념품은 너무 비싸 눈요기만 하는 것으로 만족한다. 산 중턱에 집을 짓고 조상 대대로 살아가는 버버족의 집은 퍼즐을 끼운 것처럼 콕콕 박혀 있다.

협곡으로 이어지던 길은 마을 아래로 내려갈수록 푸르고 강한 대추 야자나무가 무성한 오아시스로 바뀐다. 겨울에 흘러넘치던 물이 모두 증발해

버린 불타는 여름 한가운데에서도 한 치의 흔들림 없이 굳건히 버티다 다시 겨울을 맞이하는 대추 야자나무. 그 강한 생명력과 북아프리카를 지키는 그들의 정신은 닮았다.

지금 우리가 달리는 이 도로는 1936년 프랑스군에 의해 만들어졌다. 시력이라도 앗을 듯 맹렬한 빛을 쏘는 태양을 피해 짙은 선글라스로 눈을 가리고 스카프로 얼굴을 감싼다. 덮개도 없는 트럭 위에서 내리쬐는 직사광선을 맞으며 운명의 시간을 향해 달리는 소들과 다시 마주하지만 슬픔과 절망이 가득 찬 눈망울을 외면한다.

'AL 1460 M'

카페다. 천상의 색감을 빌려온 듯 유려한 색채로 빛나는 태양 아래 모든 것. 자연을 언어로 표현한다는 것이 오만함처럼 여겨진다. 카페 발코니의 햇살은 느긋했고 붉은색 담장 아래 초록은 더욱 빛난다. 착즙 한 오렌지 주스를 마신다.

일광욕하는 프랑스 일가족과 가벼운 인사를 나눈다. 모로코를 상징하는 예쁜 엽서에 반해 지인들에게 선물하려 스무 장을 골랐는데 한 장에 5유로라는 말에 슬며시 내려놓는다. 카페 주인은 선물로 주겠다며 가장 마음에 드는 엽서를 고르라는데 아무리 내가 행운의 여신이라 해도 이건 과분하다. 사양하는 내 손에 극구 들려주는 통에 미안해서 엽서 넉 장을 샀다.

질주하는 틴기르Tinghir 마을 소년

　영화 〈글레디에이터〉를 비롯 수많은 영화의 촬영지이기도 한 에잇반하두Ait Benhadou에 있는 영화 세트장 와르자자트Ouarzazat 겉모습만 담는다. 모로코의 할리우드라 불리는 와르자자트에는 여의도 면적의 2/3 크기에 해당하는 영화 세트장이 있다. 사막 위에 지어진 도시는 베르베르인들이 지은 도시로 고대 사하라와 마라케시를 연결하는 전진기지 역할을 했다. 실제로 마주친 베르베르인들은 수려한 용모에 체구가 크고 깊이를 알 수 없는 신비로운 눈빛을 가졌다. 달리는 차 안에서 바라보던 경이로움도 잠시 차 밖의 현실은 불타는 지옥이다.
　그들이 터번을 두르고 히잡을 뒤집어쓸 수밖에 없는 이유를 단박에 알 수 있는 날씨다. 그러고 보니 집중 관리로 굵어지고 숱이 제법 많아졌던 머리카락이 이곳에 오면서 뭉텅뭉텅 빠지고 있다. 다행히 습도가 없어 그늘은 엄청 시원했다. 실제로 실개천을 건너야 진짜 에잇반하두 마을이라는데, 그늘 한 점 없는 곳에서 이글거리는 태양과 맞설 용기가 없어 포기한다. 나중에 엄청나게 후회했지만 말이다.
　와르자자트 내부를 슬쩍 보기만 하고 골목이 예쁘다는 틴기르Tinghir 작은 마을로 이동한다. 세상에! 골목은 정말로 예뻤다. 그 더위에도 사람들은

친절했고, 지친 여행자에게 물까지 건네주는 호의도 잊지 않았다. 백 미터쯤 떨어진 곳에서 괴상한 소리를 지르며 한 소년이 우리에게 달려온다. 아니 질주한다. 달리는 소년 뒤로 먼지바람도 뒹굴며 따라오는데, 나는 주머니 속 디르함을 만지작거렸다. 대뜸 손을 내밀어 악수를 청하고 손등에 입을 맞춘 소년은 내게도 자기 손등을 내민다. 구걸하는 사람들에게 지쳐 당연히 그 소년도 몇 디르함의 동전이 필요한 줄 알았다. 나는 2디르함을 건넸고, 소년은 벌컥 화를 냈다. 친구가 필요했을 뿐이라며 뒤도 안 돌아보고 뛰어가는 소년 뒤로 다시 뿌연 먼지가 피어올랐다. 나의 붉어진 마음은 먼지바람 속으로 숨어들었다.

　다시 마을을 천천히 둘러본다. 태양은 자연의 색을 낱낱이 들추어낸다. 빨간 흙벽에 붉고 푸른 모로코의 색이 걸려있다. 사람 하나 없는 골목, 더위를 피해서 돌 틈 사이로 몸을 숨긴 말라비틀어진 개 한 마리가 혀를 길게 뺀 채 초점 잃은 눈으로 행인들을 바라본다. 손바닥에 물을 덜어 개에게 내밀어보지만 이런 생활이 익숙한 듯 여행자의 호의를 외면한다.

배는 고프고 육신은 늘어진다. 이 더위에 더 움직이는 건 무리다. 베르베르인이 운영하는 레스토랑은 실제로 크레이지 플라이만 날린다. 그들의 타고난 색채감과 예술 감각은 미술관처럼 예쁜 음식점 내부에서도 드러났다. 푸른 벽과 화려한 문양의 붉은색 양탄자가 깔린 바닥은 절제된 호화스러움이 묻어난다. 몸이라도 날려버릴 듯 세찬 에어컨 바람에 기진했던 육신이 살아난다. 팔목을 깨무는 파리도 애교로 봐준다. 모로코 음식 중 닭고기나 양고기를 깔고 채소를 얹어 화덕에 쪄내는 방식의 따진을 좋아하는데, 지역마다 맛도 다르고 채소 종류도 조금씩 다르지만, 공통점은 다 맛있다는 거다. 따진은 본래 유목민들이 사용한 요리 기구인데 물이 귀하니 아껴야 했고, 고깔 모양의 뚜껑으로 수분이 증발하지 않게 착안해 낸 것이다. 모로코를 여행하다 보면 이 사람들은 신의 자손인가 의문이 들 정도로 지혜로움에 혀를 차게 된다.

난생처음 모로코에서 양고기를 먹어봤고, 맛에 중독이 된 나는 언제나 주저 없이 양고기를 선택한다. 화덕 위 고깔모자 모양의 황토색 냄비 안에서 감자, 양파, 당근, 토마토, 양고기 등이 어우러진 따진이 지글지글 끓고 있다. 놀랍게도 이곳에서 먹은 따진은 지금까지 맛본 것 중 단연 최고였다. 그리고 보니 말썽 많던 위와 장이 얌전해져 있었다.

이상한 동행 Edelsen 마을

마라케시부터 11시간을 달려왔다. 참으로 긴 여정이다. 칠흑 같은 어둠이 시골 마을까지 따라와 덮는다. 광야를 달려온 시간이 꿈이었나 싶게 일순간 신기루처럼 모든 것이 사라졌다. 오직 한 가지에 집중되어 있던 마음도 풀어진다. 잠깐의 휴식을 위해 들른 마을의 언덕을 오른다. 마을을 굽어보는 성벽 위에 잘생긴 청년들이 옹기종기 모여있다. '살라말리콤' 나의 인사에 언덕을 내려가던 여인들이 뒤를 돌아보며 손을 흔든다. 하늘엔 별이 총총하다. 성벽 위에 올라앉아 알록달록 반짝이는 불빛과 마을을 바라다본다.

마라케시에서 이곳까지 오는 동안 여러 명의 안내자가 바뀌었고, 차도 동행자도 여러 번 바뀌었다. 사하라 방향으로 여행할 사람들을 미리 모집해 둔 모양이다. 광야를 헤매는 어린양을 위해 파견된 하늘의 천사처럼 그들은 묵묵히 짐을 들어 나르거나 차를 손보고, 식당을 안내하고는 누군가와 함께 유유히 사라진다. 아니 사라진 것처럼 느껴졌다. 종이로 둘둘 만 것을 밀수품 거래하듯 은밀하게 주고받기도 했다.

벤자민은 다시 운전대를 잡았고, 아무것도 보이지 않는 연탄 같은 어둠

속에서 용케도 우리의 민박을 안내할 안내자를 찾아낸다. 구척장신九尺長身에 낡은 선풍기까지 든 남자에게 나는 앞자리를 내어주고 뒷자리로 옮긴다. 짐으로 가득 차 몸을 움직이기도 불편했을 터인데, 단 한마디의 불평도 없이 장거리를 함께한 사람들에게 미안함과 민망함, 그리고 고마운 마음이 한꺼번에 쏟아진다. 목을 칠 듯 위태로운 선풍기와 지붕까지 닿을 정도로 쌓아 올린 여행 가방 때문에 옴짝달싹 못 하는데도 이상하게 뒷자리가 더 편했다.

오후 9시 반쯤 Edelsen* 마을에 도착했고, 밤인데도 마을은 예사롭지 않은 중후함과 무언지 모를 품격이 느껴졌다. 3~4층 정도 높이의 하얀색 담장과 담장 사이의 골목엔 주홍빛 가로등 빛이 은은하게 흘러내렸다. 좁은 화장실을 빼면 민박집은 너무 예뻤다. 안내자도 민박집 가족들도 모두 불어만 사용하지만, 이젠 대충 눈빛과 표정만으로 그들의 언어를 가늠한다.

만일을 위해 필요한 문장을 번역기로 번역해 외워두었다 써먹기도 한다. 시간은 밤 열 시, 오직 숙박만 되고 음식을 사 먹거나 해 먹어야 하는데, 둘 다 귀찮기도 하고 식당 문도 닫아 컵라면과 햇반으로 주린 배를 채운다. 아프거나 힘이 들 때 약보다 효과가 좋았기에 몇 개 남지 않은 컵라면을 꽁꽁 여며둔다. 그 예쁜 민박집에서 나는 혼절했고 밤새 염소가 울었다.

*가이드가 알려준 마을 이름인데 자료를 아무리 찾아봐도 없다.

히잡 쓴 여인의 초대

해가 골목 안으로 기어들 때까지 잠에 취했다. 아침을 사 먹을까 생각하다 며칠째 먹지 않고 굴리던 자두와 체리, 포도를 생각한다. 먼지가 잔뜩 낀 채 냉장고 위에서 허송세월 보내는 믹서기를 찾아 뜨거운 물로 소독을 한다. 과일 씨를 모두 제거한 후 믹서기에 넣고 돌린다. 제법 많은 양의 주스가 만들어졌고 빵 한 조각 남은 것과 함께 아침 식사를 해결한다. 카메라를 들고 골목을 쏘다니다 호들갑스럽게 인사하는 검은색 질레바에 흰색 히잡을 쓴 여인을 만난다. 이곳 여인들은 유럽 문명의 영향을 받은 탓에 히잡에 대한 의무감은 없어 보인다. 오히려 햇빛에 노출되어 상하기 쉬운 두피와 얼굴을 보호하기 위한 목적이 더 큰 것 같았다.

너무 더워 초록색 원피스로 갈아입고 하얀 스카프를 뒤집어쓴다. 아까 그 여인과 다시 마주쳤고, 여인은 우리 둘 복장이 비슷하다며 깔깔거렸다. 같이 사진 찍기를 청하더니 자기 집으로 초대하고 싶다는데 이게 무슨 횡재인가 싶어 포토 인화기를 챙겨 여인을 따라 3층으로 올라간다. 올라가는 계단 벽면에 예쁜 그림이 그려져 있다.

그녀의 가족은 아직도 한밤중인지 코 고는 소리가 낭랑하다. 초대한 집 거실 창틈으로 새어 나온 햇살이 스테인드글라스를 비추니 예쁜 집은 더욱 빛난다. 사진을 찍어 바로 인화해 선물로 준다. 토끼 눈처럼 눈이 동그래진 그녀가 바빠졌다. 민트 차를 끓여 내오고, 이미 식탁에 차려져 있던 빵을 어서 먹어보라며 권한다. 올리브, 허니, 올리브 오일, 딸기잼, 로즈마리 잼이 담긴 그릇이 어찌나 앙증맞고 예쁘던지 하마터면 달라고 할 뻔했다.

둥글고 큰 빵을 한 조각 떼어 올리브유를 찍어 먹다 정말 깜짝 놀랐다. 지금까지 먹었던 빵 맛과 차원이 달랐다. 차례대로 궁합을 맞추어 먹어 본 것 중 로즈마리 잼이 가장 맛이 있었다. 빵도, 잼도 모두 여인이 직접 만들었다며 맛을 이야기해달라 조른다. 이제껏 한 번도 느껴보지 못한 격이 다른 달콤함에, 발랄한 향을 섞은 뒤, 고소한 풍미를 쏟아붓고, 우아한 몽롱함까지 곁들였달까. 로즈마리 잼을 만난 빵 맛을 이렇게밖에 표현할 수가 없어 안타까울 뿐이다.

아침나절을 그녀 집에 머물렀고 생각해 보니 나는 우리나라 말로, 그녀는 불어로 이야기를 나누며 깔깔거렸다. 일어서는 나를 끌어안고 내 볼과 손등, 심지어 입술까지 쪽쪽 대며 거의 빨다시피 하는데, 당황한 내게 자기처럼 해보란다. 나는 겨우 그녀 볼과 손등에 입을 맞춘다. 그녀는 또 얼마나 백허그를 잘하는지 숨이 막혀 죽는 줄 알았다. 숙박비 안 받을 테니 다음에 여행 오게 되면 자기 집에 꼭 들러 달라며 손가락까지 걸었고, 나는 그녀에게 몇 장의 사진을 더 인화해 주었다.

파란 수단 입은 소년과 르느와르 여인

 높은 담장 사이를 비집어 든 햇살은 눈조차 제대로 뜰 수 없을 정도로 강렬했다. 갑자기 나타난 대여섯 명의 소년. 까만 피부에 발목까지 내려오는 푸른색 수단을 걸친 아이들은 마른 체구와 장신長身에 단단해 보이는 모습이 귀족처럼 품위가 느껴졌다. 카메라를 만지작거리는 나를 향해 한 아이가 당차고도 야무지게 소리친다.
 "노!! 네버!!"
 너무도 단호하여 위엄마저 느껴지는 소년의 기세에 놀란 나는 손짓으로 캐니언을 가리켰다. 소년은 거짓말하지 말라는 듯 한동안 매섭게 나를 째려보더니 사라진다. 정말로 그 멋진 소년들 사진 한 장을 못 찍었다. 오늘 하루는 이 마을에서 자유롭게 쉬어가는 날이다. 혼자서 골목을 이리저리 걷다 발견한 예쁜 간판과 내부 풍경에 반해 안으로 들어간다. 프랑스인 남편과 베르베르족 부인이 함께 운영하는 레스토랑 겸 호스텔이다. 르느와르 그림 속 여인을 닮은 레스토랑 주인 여자는 놀랍도록 아름다웠다. 손님은 오직 나 하나뿐이라 대충 번역기로 점심 식사를 주문하고 마음 편하게 그 카페에 눌러있기로 작심한다.
 식사가 준비되는 동안 옥상에 오른다. 착시 현상일까. 너무도 비현실적

인 풍경에 순간 천국인가 착각했다. 천상의 공간에 '쳇 베이커'의 영혼이 서성인다. 그의 음울하고도 몽환적 보이스는 태양마저도 우울하게 만든다. 특히나 영화 〈본 투 비 블루〉 엔딩 장면에서 에단호크가 불렀던 'I've never been in love'에선 숨이 멎는 줄 알았다.

짙은 살구색 벽이 예쁜 옥상에서 쏟아지는 햇살을 덮고 낡은 소파에 벌렁 눕는다. 천국이 맞다. 나른한 달콤함에 빠져 잠의 경계를 넘나드는데 식사 준비가 다 되었다며 여인은 나를 찾으러 올라왔다. 게스트하우스로 쓰고 있는 2층 오픈된 방 앞 그늘막에 누운 털북숭이 히피 같은 남자의 품에서 쳇 베이커는 계속 노래를 부르고 있었다.

르느와르 여인에게 (나는 그렇게 부르기로 했다) 미니 포토 인화기로 사진을 인화해 주겠다며 사진을 찍고 싶냐 물으니 여인은 반색하며 남편을 부른다. 영혼을 빼앗겨도 괜찮은 모양이다. 그사이 주문한 채소오믈렛이 테이블 위에 가지런히 차려진다. 짭조름하면서도 상당한 풍미와 신선한 재료를 쓴 것이 느껴질 정도로 생동감이 느껴지는 오믈렛을 먹으며 부부의 모습을 담아낸다. 정작 포토 인화기는 사진을 토해낼 생각은 안 하고 자꾸 죽는다. 안달이 난 여인이 충전기를 가져다주었지만 끝내 사진 한 장 인화하지 못하고 배터리는 급속히 방전되어버렸다.

여인은 입을 삐죽 내밀며 시무룩했고, 나는 간지럼을 태우며 언니라는 말을 가르쳐주었다. 깔깔거리던 여인은 '언니, 언니' 부르며 귀찮을 정도로 나만 쫓아다니더니, 갑자기 내 오른 손목을 잡아끌었다. 카페 건물을 에두른 골목을 지나 커다란 대문으로 들어선 후, 다시 지하통로를 통해 2층으로 올라간다. 대단한 비밀이 있는 모양이다. 카펫으로 장식된 벽과 바닥의 화려함에 놀란다. 신의 도움 없이 인간 스스로 이토록 아름다운 색을 만들 수 있을까.

이 마을에는 카펫을 직조하는 기술을 가진 여인 다섯 명이 있는데, 그중 하나가 르느와르 여인이었다. 그녀는 대뜸 직조기 앞에 앉더니, 카펫 짜는 흉내를 내며 사진과 동영상을 찍어달라 부탁한다.

나이가 지긋해 보이는 까만 피부의 남자가 불쑥 나타나 이런저런 설명을 덧붙이는데, 그들의 관계를 물으니 가족이라 했다. 한 시간을 넘게 충전했건만 인화기는 남자랑 여인이 같이 찍은 사진 한 장을 간신히 토해내고 바로 졸도했다. 진심으로 고맙다며 나무로 된 보석함을 열고 염주처럼 생긴 목걸이를 꺼내 선물이라며 건네주는 남자의 얼굴은 상기되었다. 아낌없이 자기 것을 내어주는 그들의 마음이 여행자의 마음에 촉촉이 스며들었다.

행운의 여신은 그날 그 카페 게스트하우스가 비어 숙소를 옮겨도 되는 행운을 얻었지만, 옥상에서 늦도록 별을 헤아리는 것으로 만족했다.

토드라 협곡 뮤지션

 붉은 절벽 어깨에 널어둔 카펫은 그림 같다. 그 절벽 아래 물 한 방울 없는 척박한 땅에서는 대추 야자나무가 강한 생명력을 이어간다. 협곡으로 들어서는 순간 저승에 온 줄 알았다. 지나치게 아름다운 풍경은 오히려 현실감이 없어 보였다. 이 더위에 낡은 가죽을 걸친 목동의 특이한 언어에 시간은 사무쳤다.
 붉은빛 거대한 암벽이 양옆으로 버티고 서 있고, 그 사이로 맑은 계곡물이 흐른다. 살인적인 더위에도 붉은 벽을 오르는 사람들은 제정신인가 싶다. 무모한 도전을 즐기는 대가로 목숨을 잃는 일이 종종 일어난다고 한다. 당나귀를 탄 남자는 채찍을 휘두르고, 염소에게 물을 먹이는 목동의 눈빛은 깊었다. 협곡 너머의 마을에서 멀고도 긴 시간을 걸어온 그의 낡고 헤진 겨울옷과 때 국물이 흐르는 얼굴, 특이하다 못해 기이하게 들리는 언어는 진화되기 전 세상을 기억한다.
 세상에! 바깥 온도가 53도나 된다. 이 더위에 습도까지 높았다면 거리엔 질식사하는 사람들로 넘쳐났겠다. 새끼 염소를 안고 사진을 찍으라며 한 남자가 다가왔고, 돈을 먼저 보여주니 손사래를 친다. 염소 주인인 줄 알았던 남자 뒤에서 진짜 주인인 목동이 벼락을 친다. 천둥 같은 고함을 치며 돈을 내놓으라는 남자에게 염소를 안긴 남자가 '크레이지 피플'이라며 제지한다. 수카이나는 협곡 너머 마을까지 산책 다녀오자는데, 나는 농담인 줄 알면서도 기겁을 했다. 가기도 전에 몸이 녹아내릴지도 모른다.

생긴 그대로의 캐니언을 활용해 만든 카페에 들른다. 거문고를 닮은 세 줄로 된 현악기를 연주하는 앳된 뮤지션. 사진을 찍어도 되냐 물으니 얼마든지 괜찮단다. 심지어 옆자리까지 내어주며 앉아서 연주를 해보라고 권한다. 현악기를 내어준 그는 젬비아를 연주한다. 음치, 박치, 골고루 갖춘 나인데 이상하다. 젬비아를 연주하는 청년과 아무렇게나 연주하듯 줄을 튕기는 나와 박자가 척척 맞는다. 아니 내게 맞추어 연주한다.

나도 모르는 내면의 흥이라도 있는 걸까. 십여 분을 정신없이 청년 뮤지션과 노는데, 사람들은 동양 여자가 신기해서 그랬는지, 아니면 내가 진짜 뮤지션이라도 되는 줄 알았는지 발을 구르고 손뼉을 치며 흥얼거리고, 심지어 사진도 찍는다.

청년은 민트 차 한잔과 오렌지 주스를 두 산이나 내어놓는다. 계산하려는 나를 제지하며 청년은 조용하고 단호하게 노! 라 외친다. 손님에게 대접하는 선물이라며. 오아시스로 연결되는 토드라 협곡에서 스친 인연은 전혀 알지 못했던 또 다른 나를 발견하게 했다. 나는 모래알처럼 작은 존재였고 여행은 그런 나를 나무처럼 키워내고 있었다.

자연에 순응하는 사람들

 그렇게 맛있는 음식을 먹고도 기온 탓인지 도통 속이 편치 않아 화장실을 들락이며 밤을 보낸다. 덕분에 어젯밤은 게스트하우스 옥상에서 별을 바라보며 모처럼 많은 생각에 잠겼다. 자연은 기쁨만 주는 것이 아니라 때론 두려움과 우울감을 동반한다는 걸 그때 알았다. 이른 시간이지만 달아오른 지열에 벌써 메스껍고 어지럽다. 그나마 숙소 안 가리고 먹는 거 안 가리는 덕분에 할 수 있는 여정이라 생각하니 나 자신에게 감사했다. 오랜 시간 등산으로 길러진 체력 덕도 톡톡히 보고 있는 셈이다.

 사하라를 향한 여정이 다시 시작되었고 우리는 마을을 떠났다. 멀어지는 협곡의 몸통 한가운데 걸친 태양 주변이 검게 변하며 붉은빛은 절정으로 치달았다. 그것은 마치 천국의 문이 닫히는 것처럼 기이한 기분이 들었다. 잠깐의 무료함과 불편한 침묵이 흘렀고, 문득 살구색 외벽이 예쁜 카페를 발견하고 들어간다. 여행자 둘은 사라졌다. 나는 간판 찍는 걸 자꾸 잊어버려 어딜 다녀왔는지 가끔 갑갑할 때가 있다.

 첫 모금을 입에 가두고 천천히 목젖으로 흘려보낼 때 느껴지는 몽롱함

에 나도 모르게 '아! 좋다!'라며 커피 향에 취하는 상상을 했건만, 그 한 모금이 어찌나 쓰던지 위가 다 쪼그라들뻔했다. 몽롱함은커녕 위장에 머무르지 못하고 어딘가 면역력이 떨어진 장기에 달라붙어 합세해 만든 사악한 향이 꾸역꾸역 역류해 괴롭힌다. 그 찰나를 공격하는 감정에 당황해 먼저 밖으로 나온다. '나는 왜 여기에 있는 걸까?'라고 묻는 나에게 딱히 대답할 말을 찾지 못했다.

남자아이 두 명이 지나가다 내가 손을 흔들자 악수를 청한다. 건방져 보이는 인사가 무척 귀여웠다. 사진을 찍어주고 브라질너트를 건넨다. 챙겨온 게 별로 없어 순간순간 아쉽다. 이미 밖에 나와 있는 나를 찾아와 물을 선물하는 카페 주인. 여행자에게 물을 챙겨주고 차를 대접하며 행운을 빌어주는 그들이 진심으로 고마웠다. 다시 광야를 향해 출발하는 우리에게 안전한 여행과 행운을 빈다며 오래오래 손을 흔들던 카페 주인은 고스트처럼 흐물거리다 사라진다.

무덤 속 비밀

무덤처럼 볼록하게 솟은 거대한 모래 둔덕과 낙타를 발견하고 차를 세운다. 다데스 협곡이 바라보이는 오아시스 작은 마을이다. 터번 속에서 눈만 빼꼼히 내민 남자는 안내를 부탁받고는 심히 귀찮은 표정이다. 마지못해 설명하는 그에게 약간의 동전이 건너갔고 그는 불친절한 설명을 덧붙인다.

무덤은 놀랍게도 재래식 상하수도 시스템이다. 경사진 수로를 만들어 먼 곳에 있는 물을 이동시키는 송수로이다. 지상에 있는 아치형 다리를 활용하지 않고 지하를 선택한 이유는 지역 특성상 이동 중 물이 모두 증발해 버릴 수도 있기 때문이다. 악천우로 사막을 갈 수 없을 때는 이곳 차단기가 내려진다고 한다. 눈만 내놓은 남자는 어두컴컴한 지하로 안내한다.

길이가 18km나 되는 지하에는 마을도 형성되어 있다. 남자는 한낮이지만 사람들이 잠을 자고 있으니 조용히 해달라는 당부를 한다. 지하로 내려가는 길이 회오리바람처럼 점점 좁아지고 멀어지면서 천장으로 뚫린 구멍은 블랙홀처럼 우리 뒤를 집어삼킨다. 새카만 어둠이 심신을 누르고 심리적 압박감이 상승한다. 겁에 질린 나를 감지한 남자는 빠른 속도로 탈출시킨다.

지상에 있는 가게에서 그의 노모가 반겨준다. 화려한 문양의 카펫 위에는 귀여운 손주 둘이 낮잠에 취해있다. 남자에게 사진 찍는 건 허락받았지만 절대 페이스북에 올리면 안 된다는 다짐을 받는다. 사하라가 가까워질수록 온도계 눈금도 올라간다.

광야, 오아시스, 다시 광야, 달리고 또 달린다. 먼발치로 혹은 가까이서 여러 번 작은 토네이도와 만난다. 지겹도록 달리던 광야는 일시적으로 끝이 났고 다시 작은 마을에 도착한다. 여기서부터 본격적인 사하라가 시작되기 때문에 사막용 차로 바꾸어 타야 한다. 이젠 그들의 여행 수칙이랄지 여행자와 안내자가 수시로 바뀌는 것에 익숙해졌다.

에라시디아Errachidia 시내를 지난다. 인구 10만 명 정도 되는 도시인데 사하라 인접 도시 중 가장 큰 편에 속한다. 점심을 먹기 위해 사하라 전진기지로 통하는 메르주가Merzouga와 에라시디아 사이에 있는 마을의 레스토랑을 찾는다. 햇살은 스테인드글라스의 오색 빛을 끌어안고 바닥에 곱게 펼쳐 누웠다. 손님은 우리뿐이다. 에어컨은 풍력발전기 돌아가는 소리를 낸다. 벽에 걸린 지도에서 우리가 있는 현 위치를 확인한다. 모로코 동부 마그레브 지역에 있는 사하라 사막의 오아시스 작은 마을 Arfoud이다. 영어로는 에르푸드Erfoud라 표기하지만 불이나 스페인어가 더 익숙해서인지 모로코 사람들은 Arfoud로 표기한다. 에르푸드는 리샤니Rissani와 함께 모로코에서 사막여행을 하기 위한 여행자들이 모이는 곳이다.

화덕에 구운 양고기 꼬치구이와 닭고기 따진을 시켜 먹는다. 바닥에 달라붙은 양념까지 모두 흡입하고 나니 나른해졌고, 시원한 그늘 밑에서 낮잠이나 늘어지게 자고 싶어졌다. 밖은 불화살을 던져 놓은 듯 후끈거린다. 더위에 지쳐 걷지도 앉지도 못하는 늙은 개에게 손바닥에 물을 쏟아 먹으라 권하나 멀뚱히 바라보다 배를 홀랑 뒤집는다. 답답한 마음에 입 가까이 물을 대줘도 귀찮은지 반응이 없어 몸에 물을 뿌려 준다. 자전거를 타고 가던 청년이 웃으며 오른손 엄지를 들어 올린다. 늙은 개는 뜨거운 바닥에 누워 한참을 여행자를 바라보았고, 나는 그만하면 됐다며 늙은 개를 일으켜 주었다.

갑자기 허름한 옷차림의 남자 두 명과 연탄보다 새카만 피부의 젊은 여인이 나타났고, 동행하던 남자 둘은 사라졌다.

목걸이를 파는 소년

 대추 야자나무 숲으로 뒤덮인 오아시스는 지구 반대편으로 이어지는 모양이다. 단 한 번도 어긋나지 않고 와르자자트 까지 달려온 벤자민은 그만 길을 잃었다.
 내비게이션도 없이 그 넓고 방대한 길을 달려왔는데, 속 시원히 길을 알려주는 이가 없어 낙담하던 차에 용케도 길을 찾아낸다. 그는 20대에 친구들과 3주 동안 모로코를 여행하면서 지도를 익혀 인공위성보다 자신의 머리가 더 정확하다며 자랑한다. 어떤 면에서는 그가 위대하다는 생각을 하던 차라 진심으로 크게 칭찬한다.
 우리가 길을 묻는 사이 한 소년이 창가로 다가왔다. 앳된 얼굴에 찬 두려움이 나를 긴장 시킨다. 나는 소년에게 3디르함을 주고 목걸이를 하나 사고 브라질너트를 한 줌 건네준다.
 목걸이를 팔기가 무섭게 어떤 노인이 나타나 소년의 머리를 쥐어박고, 커다란 손바닥으로 등을 후려치며 돈을 빼앗는다. 소리쳐 소년을 불러보았지만 이미 골목 뒤로 사라진 뒤다. 신비로운 풍경을 곁에 두고 사는 그들의 골목 뒤에도 인간의 선과 악은 공존했다.

플라워시티 Kalaat M'gouna

 큰 소리로 떠들고 왁자한 웃음소리를 내며 지나가는 사람들. 지금까지 만났던 풍경과 사뭇 다른 분위기다. 칙칙한 색깔의 옷 대신 밝고 경쾌한 색의 옷을 입은 아이들이 눈에 많이 띈다. 굳게 닫힌 창틈으로 달콤하고 매력적인 향이 스며드는 이곳은 플라워시티 켈라음구나?-발음이 묘하다 (Kalaat M'gouna)-장미 마을이다. 장미 나무는 모두 프랑스에서 수입해 왔고 향수, 비누, 잼을 만드는 재료로 쓰인다. 차창으로 스며든 꽃향기는 아주 오래도록 이어졌고, 남겨진 잔향은 이따금 찾아오는 공허함을 달래 주는 치료제가 되었다.

허공에 걸린 카페

  본격적인 사하라의 여정이 시작되었다. 아무것도 없는 무無의 공간에서 광야로 연속되는 공간 이동을 의식할 뿐이다. 낙타와 함께 이동하던 유목민 행렬이 아지랑이와 흙먼지 바람 속으로 블랙아웃 된다. 이 더위에 자전거를 타고 광야를 달리는 사람도 있고, 아무런 장비도 없이 걷는 사람도 있다. 마주 달려오는 차도 사하라를 향하는 차도 길을 잃은 어린양 같다.
  여행에 지친 탓일까. 아닌 비현실적인 공간 속에서 마음이 겸허해진 탓일까. 모두가 침묵 속에 잠겨 있다. 누군가 커피 한잔 마시고 가자는 말에 깊은 잠에서 깨어난 듯 몸을 비틀며 기지개를 켠다.
  광야 한가운데 몇 가구의 집과 붉고 푸른 치장을 한 건물이 보인다. 커다란 구름에 안긴 건물은 아무것도 없는 허공에 툭 걸린 그림 같다. 이 더위에 마당에서 뛰어노는 아이들도 있다. 카페 안은 생각처럼 시원하지 않았고 누가 주인인지 반기는 사람도 없다. 하나, 둘 남자들이 모여들기 시작했고, 그들의 언어로 열심히 우리에게 무언가 설명하는데 눈치를 보니 월드컵 이야기를 하는 것 같았다.
  티브이에 집중해 있는 사람들 등은 모두 앞으로 굽혀있다. 크로아티아와 프랑스의 접전 중이다. 그들 대부분은 크로아티아를 응원한다. 프랑스

의 식민지였던 과거의 슬픈 역사를 이야기하는 그들은 크로아티아의 승리를 진정으로 바란다며 V자를 그린다. 한참 만에 나온 커피는 정말 맛이 없었고, 그렇다고 딱히 끌리는 다른 음료도 없었다. 그들은 정원을 보여주겠다며 굳이 밖으로 나가자는데, 카페 문을 열기가 무섭게 기습하듯 덮치는 열기에 숨이 막혔다. 정원이고 뭐고 대충 고맙다 인사하고 바로 카페로 다시 돌아온다. 이방인에게 오래된 대추 야자나무를 자랑하고 싶었던 모양이었다.

바쁘다는 핑계로 일어서는데 괜찮다는 데도 그들은 꽁꽁 얼린 여러 개의 생수를 품에 안겨준다. 울대가 볼록 솟고 콧잔등이 매콤해진다. 여전히 경계를 다 풀지 못한 이방인에게 그들은 누구보다도 따뜻한 마음을 가진 맑은 영혼의 소유자들이었다.

광야의 슬픈 들짐승

 원할 때 사하라를 여행하기란 쉽지 않다. 폭풍과 대설 등 악천후로 인해 차단되는 경우가 많다는데, 실제로 바로 눈앞에서 모래 폭풍이 이는 끔찍한 광경을 보았다. 엄청난 속도로 모래를 휘감아 하늘로 치솟는 광경은 섬뜩했고, 그 영향권 안에 들까 봐 두려웠다. 그런 장면을 여러 번 목격하고 나니 내부의 소란이 잠잠해지며 생과 사가 공존하는 삶에 대해 더욱 진지해졌다. 세상을 창조하기 전 성경 속 이단가를 걷고 있는 착각에 빠진다. 그렇다고 성서를 독파한 것도 아니고 독실한 신자도 못 되면서 말이다.
 어둠은 광야를 덮었다. 이 길 끝은 분명 천국이거나 지옥일지도 모른다. 광야의 하루는 그렇게 끝이 났고 어둠은 세상을 공평하게 만들었다. 어둠을 빙자한 허탈함이 내게 달라붙었고 블랙홀처럼 광야의 어둠은 길고 깊었다. 세상의 모든 것에서 멀어진 지금은 무사히 숙소에 도착하는 것만이 유일한 희망이다.
 새까만 허공에 떠다니는 두 개의 불빛, 속도를 줄여 다가간다. 로드킬을 당해 피투성이가 된 동료 곁을 지키는 한 마리 들짐승의 울부짖음이 어둠을 찢는다. 울부짖던 짐승은 차선 밖으로 피해 지나가는 차를 향해 더 깊고 슬픈 소리로 길게 울부짖는다. 그것은 마치 발가락 끝에서부터 시작해 창자가 끊기는 고통을 참으며 머리끝까지 죽을힘을 다해 쏟아내는 오열 같았다. 죽은 친구를 옮겨라도 달라는 절절한 부탁 같아서 시체라도 옮겨주고 가자는 나의 말은 무산된다. 위험을 자초하는 어리석은 짓은 하지 말라며.

여행 내내, 여행이 끝난 후에도 그 울부짖음은 오랜 시간 내 가슴을 후볐다.

사하라의 대부호

 부티가 풀풀 나는 값비싼 하얀 수단을 걸친 살집 좋은 중년의 남자가 레인지로버RANGE ROVER 운전석에서 내려와 악수를 청한다. 일행을 태운 차는 그 남자 차를 정신없이 따라간다. 이제야 지금까지의 여정이 이해가 되었다. 그는 우리가 바꿔탔던 모든 차의 주인이며, 많은 숙소의 주인이고, 사하라 사막 일부를 가지고 있는 어마어마한 부호였다.
 사하라가 가까워질수록 점점 더 척박해지는 땅은 모로코 사람들에 대한 남다른 연민이 생길 정도였고, 날씨는 시시각각 준엄하고도 통제할 수 없는 두려운 상태를 반복했다. 그 모진 환경에서도 사막에 바짝 붙어 자란 작은 나무는 경건한 마음마저 들게 했다. 길고 지루한 시간을 보낸 후 사하라가는 관문을 통과했고 차는 멋진 호텔 앞에서 멈추었다. 우리가 묵을 숙소일 거라는 기대는 일 초 만에 무너졌는데, 사막 투어를 위해 적합한 차로 바꿔 타기 위해 들렀을 뿐이다. 호텔도, 차도, 사하라 부호의 것이었다. 일행은 두 패로 나뉘었다.
 짐을 몽땅 도요타에 옮겨 싣는다. 지금부터 운전은 사막 주인이 맡는다. 좁은 차 안은 몸을 옴짝하기도 힘든데 이 남자는 에어컨을 어디에 쓰려는지 질식해 죽을 것 같은 더위에도 창문을 열고 달린다. 모래바람이 차 안으

로 날아들고 일시에 '에어컨!!' 이라며 신경질적으로 소리를 지른다. 사막을 붕붕 날 듯 질주하는 차, 부자는 뒤를 돌아보며 덥지 않냐 묻는데, 행여 에어컨을 끌까 봐 두통이 느껴질 정도로 추운데도 시원하다며 웃어주었다.

잿빛 어스름이 내려앉기 시작했고 사막과 맞닿은 서편 하늘이 빨갛게 물들기 시작하자 차는 빛의 속도로 달려 모래사막에서 멈춘다. 카메라 초점을 맞추는데 사막에 앉아 있던 한 남자가 '노!'라며 단호하게 소리친다. 나는 그의 존재감조차 모르고 있었다.

그 넓은 사막 중 일부라는 자기 땅에 부자는 하얀색 텐트촌을 만들었다. 터번 속에 죄다 감추고 겨우 눈만 내놓은 남자 둘이 짐을 옮기며 저녁을 먹을 거냐 묻는데, 속이 편치 않아 사양한다. 일행들에게는 사막의 진수성찬이 펼쳐진다. 천막 안에 들어갔다 질식할 것 같아 놀라서 뛰쳐나온다. 섭씨 60도 가까이 오르내리는 한여름에 사하라 사막을 여행한다는 생각 자체가 미친 짓이란 생각이 들었다. 사막여우나 어린 왕자는 못 봐도 쏟아지는 별을 볼 수 있을 거라는 기대도 무너지고, 대신 엄청나게 큰 별 하나가 손에 닿을 듯 가까운데 놀랍게도 그것은 인공위성이었다.

　대부분 숙소는 텅텅 비었다. 덥고 귀찮은데 사막 부자는 여자들에게만 특별히 선택권을 주겠다며 빈 숙소를 모두 오픈시켜 구경시켜 준다. 사양할 수도 없어 대충 훑어보며 영혼 없는 칭찬을 늘어놓는다. 연이은 감탄에 신이 난 남자는 진짜 한 개도 안 남기고 숙소를 보여주는데, 다 도망가고 나 혼자 멍청하게 거절도 못 하고 아까운 시간을 한 시간도 더 소비했다.

　그 더위에도 코를 골며 잠든 수카이나, 나는 찬물로 샤워를 하고도 한증막 같은 열기를 참지 못하고 뛰쳐나온다. 한낮의 열기를 반도 못 식힌 사막에 주저앉아 별도 달도 없는 밤하늘을 바라다본다. 벗어 둔 빨간 슬리퍼는 모래에 기댄 채 잠이 들었다.

사하라 사막에서 만난 할아버지

새벽녘에 겨우 잠이 들었고, 쪽잠을 자다 깨니 새벽 5시가 채 못되었다. 별도 못 보고 잠든 탓인지 밤새 별똥별이 쏟아지는 사막을 뛰어다니는 꿈을 꾸었다. 신발을 벗고 걷는다. 그 새벽에 동쪽으로 향한 테이블에 아침 성찬이 차려져 있다. 하얀 식탁보 때문인지, 아니면 시작된 일출 때문인지 그것은 매우 성스럽게 보였다.

혼자 있는 내게 사마리아인 같은 복장을 한 남자의 목소리가 들렸고, 목소리엔 수천 년을 훌쩍 뛰어넘은 신비로움이 깃들었다. 갑자기 '사하라는 위대하며 놀랍도록 아름답다'는 말을 영어로 해서 깜짝 놀랐다. 그는 사막으로 사라졌고 터번 속 눈빛만 깊은 여운으로 남았다.

새벽인데도 기온은 빠르게 오르기 시작했고, 낙타의 행렬을 기다렸지만 끝내 낙타는 볼 수 없었다. 낙타를 타고 싶다고 말하고 타죽고 싶냐는 핀잔만 들었다. 이 먼 곳까지 왔는데 별도 낙타도 볼 수 없다니 시무룩해 진 내가 안쓰러웠는지 사막 주인은 갑자기 차를 타라며 한참을 달려 낙타가 있는 마을로 데려다주었다. 유목민들이 사는 사막 속 천막 마을이다. 바닥에 앉아 건초를 씹는 낙타는 비수기인 여름을 즐기는 것 같았다.

먼지를 풀풀 날리며 사막을 횡단하는 토요타 행렬이 줄지어 달려왔고, 멋진 남자들이 창문을 열고 환호성을 지르는데, 그 순간 나는 나보다 더 자유로워 보이는 그들의 영혼이 너무나 부러웠다. 그들은 우리에게 '굿럭'을 외친다. 멀어져 가는 그들 뒤로 사막은 모래바람을 만들어 보낸다.

어디서 이상한 목소리가 들렸고, 돌아보니 흰색 터번을 두르고 하얀 수단을 걸친 할아버지가 말을 건네고 있었다. 언어가 너무 특이해 모로코인들조차 소통이 어렵다는데, 돈을 달라는 줄 알고 어찌해야 할지 몰라 난감한 상황, 마침 지나가던 여행자는 우리를 사하라에 있는 할아버지 집에 초대 한 거라며 영어로 통역해준다.

그들에겐 흔한 일이라지만 만남 자체도 신비로운데 초대는 더욱 놀라웠다. 나는 가고 싶은 의지를 내비쳤지만, 할아버지가 사는 라이온은 모로코에서 독립된 하나의 주인데, 사하라 자체가 너무 크고 방대해서 이름만 같을 뿐, 내가 있는 이곳에서 쉬지 않고 차로 이틀을 꼬박 달려야 한다니 다음 여정을 위해 남겨두기로 한다. 기회가 되면 가고 꼭 싶다고 통역을 부탁한다.

하얀 나비와 베르베르족 소녀

 모래바람 속으로 아지랑이가 피어오르고, 나의 초록색 얇은 원피스를 감아올리던 바람이 방향을 튼다. 내가 서 있는 사막 반대편 허공으로 초록빛 무지개가 낮게 떠올랐고, 아지랑이 때문인지 그것은 물결이 치는 것처럼 느껴졌다. 갑자기 물결이 속력을 내며 빠르게 내게로 다가오기 시작했다. 그것은 가까워질수록 선명한 색으로 바뀌더니 이내 사막에 밀착해 나풀거렸다. 나는 그것을 향해 걷기 시작했다.
 아지랑이가 걷히며 윤곽을 드러낸 것은 초록색 원피스를 입은 베르베르족 소녀와 크림색 점프슈트를 입은 어린 소년이었다. 소녀의 손엔 초록색 낙타가 들려 있고 나는 그 낙타를 산다. 깊이를 알 수 없는 소녀의 눈빛에 빠진 나의 의식은 수천 년의 뒤안길로 사라지고, 공황증처럼 괴롭히던 아픔도 소멸한다.
 흐물거리는 소녀의 원피스 자락은 마치 공간을 초월해 사라지는 것처럼 느껴졌고, 그 뒤로 여섯 개의 말 줄임표 점이 남겨진 것 같았다. 그 순간 나의 초록색 원피스 자락이 사납게 나풀거리며 백색의 둥그런 어둠이 달무리처럼 피어올랐다. 그 주변이 새카맣게 사위며 낮도 밤도 아닌 경계를 뚫고 사라지는 하얀 나비 한 마리. 나는 사하라 사막 한가운데에서 마라케시

에서 보았던 하얀 나비의 환영을 보았다. 내 의식의 흐름이 만든 환시였을까. 나를 사막까지 가게 한 것도 신의 섭리였을까.

6부
패즈Fez 가는 길

바람에 떨어트린 모래알 하나

　사막은 시간이 지날수록 뜨거워졌고 빨리 벗어나고 싶다는 생각뿐이었다. 사하라에서 사흘 정도 묵었으면 좋겠다는 생각은 이미 어젯밤 도착과 동시에 사라졌다. '사하라 사막은 정말 위대하다. 당신은 매 순간 친절했고, 너희 숙소는 아름다웠다. 한국의 많은 팀에게 당신과 당신의 아름다운 호텔에 관해 이야기해 주겠다'며 사막 부자에게 긴 인사를 건넸고, 고맙다고 인사하는 그의 얼굴은 붉어졌다. 그때 갑자기 기내에서 만난 사하라 처녀의 초대가 생각났고, 그녀가 적어 준 주소와 전화번호를 사막 부자에게 건네주었다. 그는 내가 건넨 전화번호로 전화를 걸었고 나를 바꿔 주었다. 그녀의 집도 사하라 사막에서 만난 할아버지와 같은 라이욘이라 했다. 다음에 가겠다는 나의 말을 들은 그녀는 질레바를 만들어 놨다며 엉엉 울었고, 약속을 안 지킨다며 소나기처럼 화를 냈다. 사하라 초대를 세 명에게나 받았으니 다음 여행의 복선일까. 흰색 천에 금박 무늬가 새겨진 수단을 입은 사하라 부자는 차에 오르려다 말고 다시 손을 흔든다. 그의 눈동자에 아주 잠깐 여행자에 대한 연민이 스쳤고 이내 허무가 겹쳤다. 그리고 그의 차는 모래바람을 일으키며 시야에서 사라졌다.

멀어지는 사막 뒤로 부는 모래 폭풍이 낙타를 몰고 가는 어린 소년을 휘감는다. 바깥 기온은 50도를 넘었다. 인터넷엔 연일 40도를 육박하는 한국의 살인적인 폭염 뉴스로 도배 중이다. 건조한 이곳과 달리 습도가 높은 탓에 중동이나 아프리카보다 더 더운 것이 우리나라 기후의 현실이며, 문명의 이기 뒤에 인간이 끌어안아야 할 무거움의 존재다. 광야를 향해 달려오는 차도, 달려가는 차도, 오직 자신만의 시간 속으로 질주할 뿐이다. 그 시공 사이를 뚫고 낙타를 몰고, 당나귀 등에 봇짐을 싣고, 자전거를 타고 달리는 사람들은 순례자 같다.

바람이 떨어트린 모래알 하나를 찾는 것이 인연이란다. 세속의 늪에서 희로애락의 본능에 빠져 있다가도 순간순간 탈속의 강을 건너기도 하는 것이 삶이다. 탈속의 강물에 자신을 비추어 보는 시간이 늘다 보면 세속에 대한 환상과 욕심이 조금씩 사그라들며 그보다 더 깊고 큰 자유를 향유享有하게 될 것이다. 결국, 그 모래알온 나의 내면이었고 나는 바람처럼 걷는 중이다. 여행하며 글 쓰다 삶을 마감할 수만 있다면 더 바랄 것이 없겠다.

풀잎 낙타

  오지로 갈수록 사람들의 표정은 무채색에 가깝다. 자연의 지나친 아름다움은 승화되지 않으면 오히려 두려움과 우울감을 불러오기도 한다. 하지만 척박하거나 비옥하거나 상관없이 자연의 일부가 되어 사는 그들의 무채색 표정은 초월에 가까웠다. 심연을 헤매던 광야의 질주도 끝이 났다. 대추야자 나무가 무성한 오아시스를 품은 붉은빛 캐니언이 3D 영상처럼 달려든다. 다데스 협곡을 바라보는 오아시스 마을이다. 코카콜라 간판이 선명한 휴게소에서 나는 한 소년을 발견하고 뛰어간다. 담장 위에 앉아 무료하게 협곡을 바라보는 소년에게 말을 걸었다. 소년이 묻는다.
  "차이나?"
  유튜브를 열어 우리나라를 알만한 영상들을 보여 주었지만 전혀 모른다는 소년의 웃음이 수줍다. 저 아래가 자기 동네이고 날이 너무 더워서 가족들은 모두 낮잠을 자는데 심심해서 놀러 나왔다는 소년에게 사진을 찍어주겠다며 포토 인화기를 내민다. 소년과 함께 셀카를 찍고 그 자리에서 사진을 인화해 선물한다. 소년은 풀로 만든 낙타를 수줍게 건넨다. 외로움과 막연한 응시로 가득 찬 소년의 눈동자는 여행자의 낯선 세상을 동경하는 갈증 같았다. 우리는 말 없이 협곡을 바라보았고, 작별 인사를 건네고 돌아서

는 나를 향해 소년은 한참을 손을 흔들었다. 낙타는 무사히 집에 도착했고, 내 책상 책꽂이 위에서 나와 함께 잘 지내고 있다.

이상한 부자마을에서 염소 수육

노란색 히잡을 쓰고 푸른색 질레바를 입은 여인이 말을 걸어온다. 여기는 틴기르 부자마을이다.
"제팬? 차이나?"
여인은 불어, 영어, 중국어, 스페인어, 일어 5개 국어를 할 수 있다며 자랑한다. 그렇지만 한국을 모른다는 말은 섭섭했다. 삼성을 아느냐 물으니 엄지를 치켜들며 스마트폰을 보여준다. 삼성은 알고 한국은 모르는 그녀에게 싸이와 방탄소년단을 보여주었지만 모른다.

어딘가 모르게 긴장감이 느껴지는 마을은 문명을 거부한 선학들이 모여 사는 마을 공동체 같았다. 카메라만 만져도 어디선가 '노! 네버!'라며 뾰족한 칼로 금속 긁듯 날카로운 소리가 들려왔다. 예배 시간인지 모스크 앞에 사람들이 줄을 서기 시작했고, 경전을 낭송하는 소리가 마이크를 통해 외부로 흘러나왔다. 신성한 그들의 영혼을 방해할 마음도, 생각도 없어 카메라를 집어넣는다. 그런데 갑자기 모스크로 향하던 잘 차려입은 늙수그레한 남자 세 명이 일제히 나를 향해 오른쪽 검지를 치켜세우며 소리를 지르는데 가히 위협적이다. 이때 또 참견러 벤자민이 나선다.

"야~~~!!! 착각하지 마~~! 너네한테 관심 없으니까 꺼져~~~~~어엇!"
 느낌이 그렇다는 거다. 왜냐하면, 남자 셋이 갑자기 쪼그라들며 모스크로 쏙 들어갔기 때문이다.

 배가 너무 고파 음식점을 찾는데 시장이 반찬이라고 고소한 냄새에 끌려 걷는다. 천장에 걸어둔 염소의 넓적다리에 파리 떼가 바글거리는 정육식당이다. 밖에 설치한 프로판 가스레인지 위 붉은색 찜솥을 열어 보이는데, 뭉텅뭉텅 잘라 넣은 염소 고깃덩이가 먹음직스럽게 익어가고 있다. 주방 한구석 들통에서는 뽀얀 사골이 보글보글 끓고 있다. 무뚝뚝한 남자 셋이 운영하는 식당이다.
 따진을 먹을 것인가, 염소 수육을 먹을 것인가 즐거운 고민에 빠져있는데 나는 먹어보지 않은 염소 수육에 도전한다. 토마토와 적색 양파를 잘게 다져 올리브유에 버무린 후 푹 삶은 염소 고기에 얹고 소금과 향신료를 섞어 찍어 먹는다. 외양은 우리나라에서 먹던 일반 수육과 별반 달라 보이지 않는다. 수북이 쌓여있던 고기는 게눈 감추듯 없어졌다. 잡내가 전혀 없는 쫀득한 육질을 잘근잘근 씹으면 쏟아지는 육즙이 침에 섞여 풍미를 더 한다. 고기 맛이 얼마나 진하고 고소했던지 글을 쓰는 지금도 침이 고인다. 소금 몇 알갱이 떨어뜨려 사골 국물도 한 대접 마셨는데 정말 몸이 날아갈 것처럼 가뿐하고 힘이 났다. 그동안 부실했던 영양을 넘치도록 보충했다.

 수육이 정말 맛있다고 번역기로 번역해 주인에게 보여주니 이 남자는 대뜸 고맙다며 '차이나?'라고 묻는다. 괜히 열불이 나서 한국인이라 몇 번을 강조하며 우리나라를 대표할 만한 동영상을 또 보여줬는데, 돌아온 답은 '제팬?'이었다. 삼성을 아느냐 물으니 그는 바로 스마트폰을 꺼내 보여준다. 여기

서도 삼성은 알고 한국은 모르는 그들. 혹시 삼성이 나라 이름이라고 생각하는 것은 아닐까.

　오렌지 주스와 커피까지 마무리하고 불화살 속으로 걸어간다. 머플러로 온 얼굴을 칭칭 감싸고 짙은 선글라스를 쓴다. 주차 요금을 계산하기 위해, 기도하러 간 왓치맨을 기다려보았지만 언제 끝날지 기약이 없다. 누군가 편지를 써서 주차되어 있던 자리 나뭇가지에 돈과 함께 걸어두는 건 어떠냐는 의견을 냈지만, 차라리 고양이에게 생선을 훔쳐 먹으라고 하는 게 나을 거라는 반박도 이어진다. 그렇다고 사원 안으로 들어갈 수도 없어 결국 미안한 마음을 남겨두고 출발한다.

자이다Zaida의 개

 황토색 흙과 올리브 나무가 예쁜 아틀라스 산맥 아랫마을을 지난다. 고깔모자를 쓰고, 알록달록 털실로 장식한 흰색 윗옷에 분홍색 줄무늬가 들어간 노란색 통치마를 입은 여인은 머리와 등에 나뭇짐을 이고 지고, 남은 한 손으로 아이 손을 잡고 걷는다.
 이곳은 겨울이 되면 눈이 어마어마하게 쏟아져 출입이 대부분 통제된다. 캐나다의 겨울과 비슷한 지역이다. 자이다 지역에만 사는 개를 발견하고 차 문을 열려는 나를 일행들은 한복소리로 제지한다. 온순한 사자를 닮은 얼굴에 멋진 갈기가 늘어졌고, 몸은 성견 진돗개보다 컸다. 검은색과 나무색이 고루 섞인 털은 귀족처럼 우아했다.
 첩첩산중 길목마다 비슷한 개들이 차가운 바닥에 엎드려 파수꾼처럼 지역을 지키고 있다. 경찰은 인력이 남아도는지 이 오지까지 출동해 불심검문 중이다. 지난겨울 경찰에게 심문을 당한 경험 때문인지 그들만 보면 오금이 저린다. 머플러로 칭칭 감고 눈만 내놓아도 내가 동양 여자라서 호기심이 발동하는지 단 한 번도 경찰의 감시 벽(?)을 뚫지 못했다. 나 때문에 번번이 경찰의 표적이 되는 것 같아 일행에게 미안한데, 은근히 속 떨리는 긴장감이 좋기도 했다. 흑갈색 개 한 마리가 느릿느릿 차 뒤를 따라오고 있었다.

원숭이의 공격

페즈 가는 길에 삼나무가 우거진 원숭이 공원에 들른다. 겁먹은 표정의 원숭이가 주변을 살피다 손바닥에 올려 둔 땅콩을 잽싸게 채 간다. 아랫배가 묵직해지며 방광이 터져버릴 것만 같은데, 화장실이 없어 숲속으로 들어가 볼일을 보고 나온다. 갑자기 원숭이 한 마리가 공격했고, 그 순간 공원 관리인의 소름 끼치는 외침이 들렸다. 동시에 일행이 차 문을 열어주었고, 나는 차 안으로 몸을 날렸다. 비릿한 구토와 함께 살갗엔 소름이 돋았다. 젖을 물리던 어미 원숭이는 내가 새끼 원숭이를 해치려는 줄 알았던 모양이다.

'이 녀석아 나도 엄마란다.'

사람들에게 둘러싸여 땅콩을 까먹느라 정신없는 원숭이들을 구경하다 공원을 돌아 나간다. 그리고 보니 그 흔하고 저렴한 과일을 별로 먹어보질 못했다. 계속되는 장염으로 가리는 것 없이 잘 먹는 잡식성임에도 불구하고 실컷 먹어보겠다던 과일도 별반 흥미가 없었는데, 노점에 펼친 붉은빛 체리를 보고 달려간다. 여인들은 체리를 파는 일보다 나에 대해 궁금한 것이 더 많은 모양이다. 수다 떠는 내 입에 여인들은 체리를 번갈아 넣어준다.

우리나라 마트에서 비싸게 사 먹는 수입 체리와 비교도 안 되게 크고 붉

은 체리는 탱탱하게 물이 올라 입안에 풍부한 과즙을 쏟아낸다. 우리나라 물가로 5만 원어치는 족히 될 것 같은 양이 삼천 원이다. 대지를 달구던 태양이 물러서며 긴 그림자를 던지고, 사이프러스 나무와 유칼립투스 나무는 서로에게 그림자를 내어준다. 우리는 그 길을 천천히 달리기 시작했다.

반가워 나의 페즈

스위스의 작은 마을을 닮았다는 이프란을 다시 찾았다. 그런데 몸 상태가 이상하다. 일행과 떨어진 나는 벤치를 찾는다. 폭염 속 인파가 아지랑이처럼 출렁인다. 다시 멍한 상태가 찾아왔고 페즈 시내로 들어서면서부터 다시 진정이 되었다. 당나귀도, 마차도, 소리치는 사람들도, 메디나도, 모스크도 너무나 익숙한 풍경이다.

지난겨울에 걸었던 거리는 계절 옷만 갈아입었을 뿐 그대로다. 당나귀 똥을 피해 9,900개의 미로로 엉킨 메디나를 걷던 시간을 카피한다. 여전히 마른 몸집에 겁먹은 고양이들이 거리를 쏘다니고, 줄담배를 피우며 한여름 지루한 오후 시간을 보내는 사람들도 여전하다. 구멍가게에 물을 사러 들렀더니 기억력 좋은 아저씨가 나를 반긴다. 이 먼 나라에서.

비쩍 마른 벨보이는 끌어도 될 바퀴 달린 캐리어를 진땀을 빼며 들고 간다. 천년의 도시 페즈. 이곳 사람들은 거칠고 거짓말을 잘한다지만 난 페즈가 좋다. 현실의 실타래가 풀어진 끝에 걸친 수백 년 전 시간과 공간이 주는 안락함은 적당한 취기가 올랐을 때의 황홀함 딱! 그 느낌이다.

잠자리 날개처럼 얇은 초록빛 커튼으로 사방을 두른 침상은 아까워서 잠도 못 잘 것 같다, 화장실이 급한 나는 서두르다 침대 기둥에 '쾅' 부딪히며 이마에 혹이 볼록 솟는다. 진짜로 공황장애가 있는 걸까. 느닷없이 엄습하는 두려움에 난 쪼그리고 앉아 다시 M에게 카톡을 보낸다. 누군가에게 질척거리거나 두 번 이야기하는 거 싫어하고, 다른 사람이 나를 참견하는 것 또한 정말 싫어하는 나다. 참견하기 싫고 참견 당하는 게 싫어 말을 안 하는 나는, 종종 친척들이나 형제들에게 쌀쌀맞다는 소리를 듣는다. 남편은 툭하면 얘기 좀 하자며 부르는데 내가 진저리나게 싫어하는 말 중 하나이다. 가난한 시절 가족들 먹거리 책임지기도 바빴던 가부장적 아버지를 보고 자란 탓에, 그대로 답습하고 있는 권위적인 남편, 또는 아버지와의 갈등으로 내 나이 언저리 지인들이나 자녀들이 화병火病과 우울증에 시달리는 경우가 의외로 많다. 나는 지인들에게 선한 눈빛을 가진 사람을 만나라는 이야기를 종종 하곤 한다.

행여 여행을 망칠까 봐 나의 상태를 알리지도 못하고 밖으로 나온다. 허리가 구부정하고 백발이 성성한 노부부가 건네는 인사에 고개 숙여 인사하고 옥상에 오른다. 페즈의 하늘에 별이 촘촘히 박혔다. 불이 밝혀진 메디나는 고고했고 그 밤에도 모스크는 빛났다. 흔들리는 그네에 앉아 눈을 감는다. 순간 의식이 핑그르르 돌며 심연 속으로 가라앉는다. 여행이란 육신의 아픔을 빙자한 내면의 고통을 드러내는 작업일지도 모른다.

7부
물레야꾸 마을

이슬람교와 고양이의 존재

 호텔 주인은 아픈 나를 위해 기분 전환해 준다며 여행객이 많지 않아 숙소가 텅텅 비었다고 마음에 드는 객실을 고르란다. 고맙지만 이도 저도 다 귀찮아 잠을 청한다. 몸은 점점 늪으로 빠지다 기절하듯 잠이 든다. 새벽에 잠이 깨 반신욕을 하고 일찌감치 메디나로 향한다. 비쩍 마른 고양이 한 마리가 인도에서 차도로 뛰어내리려던 찰나 번쩍 안아 골목 깊숙이 넣어준다.
 모로코는 고양이 천국이다.
 길거리에서, 식당에서, 카페에서, 메디나에서, 어디서든 볼 수 있는데 이슬람 국가에서는 종교 문화적 이유로 사랑받을 수밖에 없는 아주 특별한 존재다. 이슬람 선지자 무함메드가 뱀에 물릴 뻔했을 때 고양이가 쫓아 주었다는 전설이 있다. 또 한 전설에 의하면 그가 신께 기도를 올리려던 순간 그의 고양이 '무에자'가 옷 소매 안에서 잠든 것을 발견했고, 고양이를 깨우는 대신 옷소매를 잘라냈다는 이야기도 있다. 정해진 시간 외에 들어갈 수 없는 모스크에도 고양이는 프리 패스라니 그들에게 고양이가 어떤 존재인지 짐작이 간다. 말 나온 김에 이야기 하나를 덧붙이자면 무함메드는 고양이에게 일곱 번의 삶을 주었고, 높은 곳에서 떨어져도 착지할 수

있는 능력을 주었다는 설도 있다. 고양이 눈동자를 바라보다 보면 도무지 알 수 없는 깊고도 오묘한 신비로움에 빠져들게 된다. 영험하게 느껴지기까지 하는 영특함은 인간과 영적 교감을 나눌 수 있는 가장 가까운 존재처럼도 여겨진다.

수카이나의 신념

시장에서 만난 머플러 가게 아저씨에게 기대 없이 물어본 건데, 모로코 사람들도 사우나를 즐긴다는 꿀 정보를 흘린다. 우리나라 사람들처럼 때를 미는 목욕을 즐긴다는 말은 나를 흥분시키기에 충분했다. 더구나 승용차로 30분 거리에 온천이 있다니 마음이 급해져 목욕용품을 대충 챙겨 나선다.

한여름 꼭대기에서 시작한 여행인데 벌써 들녘은 가을을 품기 시작했다. 사이프러스 나무로 빼곡히 담장이 둘러쳐진 왕의 농장 앞을 지키는 무장한 경비병들에게 손을 흔든다. 모로코는 가장 오래된 왕국 중 하나이며, 오늘날 북아프리카에 있는 유일한 왕조이다. 모로코를 여행하면서 특별히 주의할 점은 없지만, 군인이나 왕궁 앞에 서 있는 경비병들 사진을 찍으면 총살을 당할 수도 있다는데 사실인지는 확인을 안 해 봐서 모르겠다.

들녘은 황금빛으로 변했다. 자작나무는 하얀 몸통을 흔들어 이파리 하나를 호수에 '툭' 떨군다. 코발트 빛 물결이 파르르 떨렸고, 누군가 호수 곁 바닥에 납작 엎드려 입김이라도 분 것처럼 자작나무 이파리가 너울거렸다. 풀을 뜯는 말 등으로 평화와 안식이 내려앉는다. 뭉게구름이 호수에 얼굴을 묻고 곡식은 낱알을 햇빛에 내놓았다. 뜨거운 여름 뒤에 숨었던 가을이

숨죽이며 조심스럽게 다가오고 있었다. 풍경을 담으려고 차에서 내려 덤불 속으로 들어가다 가시에 찔리고 만다.

보기에 여려 보이는 풀이 어찌나 억세고 날카로운지 낫을 꽂아둔 것 같았다. 뱀이 나올지 모른다며 천방지축 뛰는 나를 제지하는 수카이나의 얼굴이 붉어진다. 단 한 번도 사진을 허락하지 않는 수카이나의 신념(?)에 맞선 나는 부끄러워졌다. 장난 반, 진심 반, 카메라를 들이대는 내게 단호함이 지나쳐 근엄해 보이는 얼굴로 '노!'라 말하는 그녀 얼굴이 붉어졌고 화가 난 듯 돌아섰다. 미안하다 사과했지만 약간의 서먹함이 오갔고 차 안은 침묵으로 잠겨 들었다. 자동차가 달리는 길 비탈진 산 아래에 펼쳐진 거대한 올리브 농장에 입이 다물어지지 않는데 '당나귀 빨리빨리 스텔라' 갑자기 수카이나가 소리쳤고 분위기는 다시 회복되었다.

당나귀 신세

물래야꾸Moulay Yacoub 온천 마을이다. 고도가 높은 산비탈 아래 오밀조밀 가파르게 형성된 마을은 동화 속 풍경 같다. 주차장을 지키는 당나귀와 소년, 지글지글 화덕에 구워내는 양꼬치 냄새, 40도를 오르내리는 한여름 열기에 연기가 뒤섞이니 현기증이 솟는다. 늙은 개 한 마리가 주차해 둔 차 밑으로 기어든다.

알록달록 예쁜 집과 상점이 이어지는 계단은 수직에 가까울 정도로 가팔랐는데 계단 중간쯤 벽에 바짝 묶인 당나귀의 얼굴은 우는 듯 웃는 것 같다. 파란 슈트를 입은 소년이 다가와 당나귀를 타보라며 잡아끈다. 얼결에 당나귀 등에 올라탄 나는 거의 수직으로 된 계단을 내려가는 통에 겁에 질려 소리를 지르며 내려달라 소리치니, 온 동네 사람들이 다 쳐다보며 좋아 죽는다. 제 한 몸 걷기도 위험한 길을 한국 아줌마를 업고 내려가는 당나귀에게 너무 미안했다. 돈을 다 줄 테니 내려달라는데도 기어코 언덕 아래까지 끌고 내려가는 소년. 더 태워주겠다는데 이 더위에 당나귀에게 신세를 지고 싶지 않았다.

남녀 혼탕이야?

온천에 들어가려면 수영복이 필요하다기에 어차피 여자 전용 공간에 들어갈 거라니 수영복 팬티만 산다. 새로 만들어진 온천은 모로코의 자랑이며 미네랄이 풍부하고 건강엔 최고라며 지겹도록 자랑을 늘어놓는 남매. 언덕을 내려가는 짧은 시간 동안 쏘아대는 광선에 몸이 녹아내리는 줄 알았다.

온천 마당에 심어진 벤자민 나무 이파리는 기름을 칠 한 듯 반질반질 윤기가 흐른다. 제법 고급스러워 보이는 로비, 직원은 내게 이것저것 원하는 것을 묻는다. 여자들만 하는 풀장에서 놀다 전신 마사지 받는 것으로 예약을 마치고 온천으로 향한다. 온천 사용료가 너무 비싸다고 나 혼자 하고 나오라며 벤자민과 수카이나 남매는 사라졌다. 우리나라 돈으로 10만 원 정도였으니 그들에겐 충분히 사치스러운 금액이었고, 여행자도 주머니를 한 번쯤 살펴봐야 하는 금액이었다. 이런 젠장. 프랑스어는 가벼운 인사 정도나 알아듣는 나인데, 자기들은 단 한 명도 영어 못 한다는 말만 영어로 하고, 모든 대화를 프랑스어로 쏟아 놓는다. 폭풍 불어에 정신이 훅 나간다.

믹스 어쩌고 하는데 얼굴과 몸을 같이 마사지할 거냐 묻는 줄 알고. 에라 모르겠다 '오케이' 대답하니 이 여자 놀란 표정으로 '정말이지?' 하고 되묻는 것 같아서 다시 한번 시원하게 '오케이' 답한다. 눈치로 탈의한 후 샤워하고 수영복을 갈아입으라는 것까지는 어찌 알아들었다. 샤워 가운을 벗고 나오라는 말에 수영복 팬티만 걸치고 나가니 이 여자 사색이 된 채 소리를 지르며 나를 탈의실로 다시 밀어 넣는다.

비키니 수영복을 입거나 원피스 수영복을 입어야 한다는 것까지도 알아들었다. 얼결에 속옷 브래지어를 착용하면 안 되냐 물으니 기절하는 표정과 함께 절대 안 된다며 호들갑을 떨었다. 누루죽죽한 빛깔의 원피스 수영복을 가져와서 갈아입으란다. 이미 반은 넋이 나간 상태로 온천욕 할 준비를 마쳤다. 미로처럼 컴컴한 곳을 가리키며 들어가서 오 분 후에 나오라는 것 같았다. 일자로 죽 뻗은 공간에 의자 몇 개만 덩그러니 있는 습식 사우나다. 아무도 없다. 뭘 하라는 거야 대체. 이리저리 몸을 비틀며 나가야 하나 고민하는데 '마담' 부르는 소리. 이번에는 버튼이 잔뜩 달린 드럼세탁기처럼 생긴 욕조에 들어가라며 버블 마사지를 틀어주고 블라블라 떠들다 나가는데 한 시간이 다 되어 가는데도 소식이 없다. 내 몸을 탱탱 불려서 뭘 어쩌겠다는 건지 알 수 없어 물기를 닦고 나간다. 까맣고 조그마한 여자 직원이 만족했냐 묻는데, 나는 우리말로 지루했다고 대답한다. 생각해 보니 블라블라는 버블 마사지를 그만하고 싶으면 벨을 누르라는 말이었다.

여자 직원은 따라오라며 다시 안내하는데 헉! 털이 복슬복슬한 남자들만 바글거리는 온천탕이다. 당황한 나는 이게 무슨 상황인가 어리둥절한데, 남자들이 흘끗거리며 '봉주르 마담' 인사를 건넨다. 나도 들릴 듯 말 듯 '봉주르, 메르씨' 화답한다. 분명 여자들만 있는 풀장을 원한다고 했는데 에라 모르겠다. 물속에 몇 번 들어갔다 나왔다 하던 나는 깊이를 모르고 발을 집어넣는데 순간 몸이 뜨니 어찌할 바를 모르다 계단 난간을 잡고 '아 푸푸푸' 꼴사납게 빠져나온다. 도와주고 싶었는지 한 남자가 다가와 저 옆으로 가면 깊지 않다며 지긋이 말을 거는데 번역기가 탈의실에 있으니 참 갑갑하네.

 여직원을 부른다. 나는 분명 여자들만 있는 풀장을 예약했다. 그곳으로 데려다 달라 영어로 떠드는데 여직원은 당최 모르겠다는 표정을 짓더니 구 척장신 남자를 데려온다. 그 남자 영어 할 줄 아냐 묻기에 조금 한다 했는데, 영어 할 줄 아냐 물어보고 왜 프랑스어로 물어보는 거야. 서로 답답한 대화가 오가는데 나는 이 풀장이 어떠냐 묻는 줄 알고 '굳'이라 답한다. 이 남자 가슴 벅찬 얼굴로 오른손을 주먹 쥐어 왼쪽 가슴을 두드리며 '인샬라, 인샬라, 메르씨 마담'이라는데 뭐가 고마운 거지? 갑자기 야릇한 배경 음악이 깔리며 대포만 한 카메라를 어깨에 메거나 마이크를 든 예닐곱 명의 남녀가 풀장으로 들어오는데….

올 크레이지 피플

"뭐 하는 거야? 찍지 마!"
 그제야 상황을 짐작한 나. 바보같이 조금만 침착했으면 다 알아들었을 이야기들이었다. 두 팔로 X자를 그리며 안 된다고 소리친다. '빠르동, 빠르동' 사과하는 사람들. 상황을 정리해보면, 온천에 입장 후 첫 번째 질문은 여자 풀장을 원하냐 남녀 혼합풀장을 원하냐 물었던 거고, (카운터에서 영어로 여자만 있는 풀장을 원한다고 분명 이야기했는데 입장 후 다시 질문할 줄 몰랐다) 영어 할 줄 아냐 묻고 프랑스어로 질문했던 남자는, 모로코 공영방송에 세계 각국의 남녀가 온천욕을 즐기는 모습을 내보내도 되느냐 물었던 거다. 탄탄한 몸매의 젊은 남자들이 다이빙으로 입수하는 모습을 보며 돌아 나온다. 모로코 유명한 남자 모델들이라는데 그냥 방송을 탈 걸 그랬나 살짝 후회되었다.
 헤프닝은 거기서 끝나는 줄 알았다. 그 상담 직원은 따라오라며 여자 풀장으로 데려다주기에 이제야 제대로 되었구나 싶어 때를 밀 작정을 하는데 10분 정도 지나 다시 부른다. 그리곤 털북숭이 남자들이 바글거리는 온천에 힘껏 밀어 넣었다. 혹 나를 무식쟁이로 알고 치명적(?) 바디 랭귀지를 쓴 걸까. 에라 모르겠다 내가 언제 다시 모로코 남자들과 온천욕을 같이 할 기회가 올까 뻔뻔하게 풀장을 활보한다. 볼륨 없는 일자형 몸매의 동양 여자를 원숭이 보듯 흘긋거리며 곁눈질로 바라보는 그들은 인사를 건네며 의자도 끌어다 주는 친절을 베푼다.

어차피 벌어진 일이기도 하고 내심 호기심도 동해 다시 탕으로 풍덩 입수해 놀다 당당한 척 걸어 나오는데 왠지 아쉬워하는 그들의 표정이 등으로 꽂힌다. 마사지를 해 준다며 촌티 나는 정장을 입은 노인이 2층으로 데려다준다. 기본적인 영어조차 한마디도 못 하는지 안 하는 직원들과 소통이 안 되니, 나는 우리말로 그들은 프랑스어로 대화하는데 다 된다. 정작 전신 마사지는 시작과 동시에 잠이 들어버려 제대로 한 건지 확인할 수도 없고, 다만 미끈거리는 촉감에 무언가 바르긴 했나보다 짐작할 뿐이다.

마사지를 끝내고 나오는데 대포만 한 카메라를 들고 다니는 일행들과 다시 마주쳤고, 그들은 또 인사를 건네는데 어찌나 아쉬운 표정이던지. 목욕도, 사우나도, 마사지도 아닌 헤프닝에 돈만 아까운 생각이 들었다. 벤자민에게 사우나에서 있었던 일을 가볍게 웃자고 얘기했는데 카운터로 가더니 죽자고 싸운다.

"왜 남자 여자 같이 있는 곳에 보낸 거야~~~아아아!! 여자들만 있는 풀장을 원했어. 내가 분명히 말했다~~~아아아!!"

라며 소리소리 지르는데 나는 당황했고 직원들은 놀라 허둥댔다.

"그만해. 나는 재미있어서 웃으라고 한 이야기야!!"

놀라서 말리는데 어머 점점 더 큰소리를 친다. 무안하고 겁도 난 나는 밖으로 나와 벤자민 나무 뒤에 숨는데 한참 만에 나타나 의기양양해서 한다는 말이

"크레이지! 크레이지 피플! 올 크레이지! 크레이지!"라나.

나는 가끔 네가 더 미친놈 같을 때가 있는데.

물레야꾸 마을 아이들

 온천 밖은 찜통이다. 비탈진 언덕마을을 올라 주차장까지 갈 생각을 하니 까마득했다. 눈어림으로 보는 길과 실제 걷는 길이 달라서 순간 당황한다. 꼬이고 얽힌 길을 따라 걷다 보면 막다른 골목이 나오기 일쑤. 도통 가늠이 안 되는 길을 몇 번이나 헤맨 후에야 간신히 마을의 허리 정도 되는 곳까지 갈 수 있었다. 그곳에서 병아리를 가지고 노는 골목의 아이들을 만난다.
 아장아장 걷는 아기가 손을 내밀며 악수를 청한다. 피부가 도드라질 정도로 허여멀건한 남자아이는 병아리를 어깨에 올려놓고 짝다리를 흔들며 손을 내민다. 귀엽지만 건방져 보인다. 나는 위험하다며 병아리를 받아 바닥에 내려주고 편안한 자세로 털썩 주저앉는다.
 아이들이 노는 모습을 유심히 바라보다 어울리지 못하는 두 소년을 발견한다. 심지어 허여멀건한 피부의 남자애 눈치를 보기까지 한다. 난 부러 두 소년만 이런저런 포즈로 사진을 찍어주고 막내아들이 사준 미니 포토 인화기로 즉석 인화를 해 준다. 갑자기 아이들이 두 소년에게 친한 척을 하고, 인화된 사진을 돌려보며 부러운 티도 낸다. 다 같이 잘 놀면 너희들도 사진을 찍어주겠다 하니 대뜸 병아리를 두 소년 중 한 아이에게 건네준다.

얼결에 병아리를 받아 든 소년은 놀라면서도 기뻐하는 모습이 역력했다.
 아이들과 신나게 사진 놀이에 빠져있는데 '봉주르' 인사를 건네는 두 여인, 푸른색 원피스와 붉은색 원피스를 입었다. 마음껏 영혼을 팔겠노라 포즈를 취하며 깔깔거리는 여인들은 쾌활했고 친절했다. 푸른색 원피스 여인은 차 한잔하자며 집으로 들어오란다. 소박했지만 깔끔한 집안 내부는 우리나라 변두리 마을의 민박집 느낌이 났다. 허브 향과 녹차 향이 섞인 것

같은-표현이 어려운-맛의 따뜻한 차를 석 잔이나 마시고 나니 속이 편안해졌다. 답례로 여인들 사진을 인화해준다. 뭐가 그리 좋은지 사진을 흔들며 깔깔거리는 두 여인을 바라보던 나도 웃음이 터진다. 푸른색 원피스 여인은 나에게 너는 타고난 여행자 같다며 아름다운 인생이란 말을 덧붙인다. 그러면서 자신은 지나가는 사람들과 만나는 시간을 여행처럼 즐긴다며 행운을 빌어준다. 언덕 위의 작은 마을에서 미니 포토 인화기는 소통의 힘을 발휘한 거인 같았다. 볼에 거센 뽀뽀 세례를 퍼붓던 여인과 아이들이 한꺼번에 손을 흔들고, 지열이 만들어낸 아지랑이 속으로 이별은 흐물흐물 사라진다.

'꼬르륵' 뱃속을 뒹구는 밥순이 아가씨. 양고기가 유명하다는 식당으로 이동하기 위해 차에 시동을 거는데 '쾅! 쾅! 쾅! 쾅!' 다급하게 차 몸통을 두드리는 소리. 세상에! 더위를 피해 차 밑에 들어가 있던 늙은 개 한 마리가 엉금엉금 기어 나온다. '오 마이 갓! 크레이지! 크레이지 도그!' 벼락 치는 소리와 함께 '크레이지!'를 합창하는 사람들. 시동이 걸린 차는 매연을 내뿜으며 신경질적으로 마을을 벗어난다.

잘 몰라, 왜 몰라?

태양의 위엄이 절정으로 치닫는다. 눈동자는 풀어지고 입꼬리가 저절로 내려간다. 10여 분 정도 차를 타고 물레야꾸 다른 마을로 이동한다. 허름한 양고기 꼬치구이 식당이다. 고기만 먹을 것이냐 내장도 먹을 것이냐 묻는 주인. 난 내장도 먹겠다고 한다.

처음으로 한국 사람이냐 물어봐 준 식당 주인에게 감동한 나는 호들갑을 떨었고, 갑자기 그는 스마트폰을 오른손으로 집어 힘차게 위로 들어 올렸다. 삼성 갤럭시 폰인데 세계에서 가장 성능이 좋다며 '아이 러브 삼성! 아이 러브 코리아!'를 외치더니 양손 엄지를 치켜들며 '아이 러브 유!'란다. 머나먼 북아프리카 변두리 시골 마을에까지 그 위상이 알려진 우리나라 대기업 삼성! 가슴이 뭉클해진다.

우리나라를 경제 대국으로 이끌어 주고, 세계 어디에서도 한국인임이 자랑스럽고 자부심을 느끼게 해준 세계적으로도 크나큰 별, 이 건 회 회장님께서 글을 쓰는 중에 타계하셨다.

[진심으로 감사한 마음과 깊은 존경심을 담아 삼가 고인의 명복을 빕니다.]

어림잡아 초등학생 5~6학년쯤 되어 보이는 소년 둘이 서빙을 하고 양꼬치를 펜다. 아들인 줄 알았는데 일하는 소년들이다. 돈을 벌어 가족을 도울 수 있어서 좋다며 웃는 두 소년의 미소가 해맑다.

"크레이지! 크레이지 플라이! 아이 킬 유!"

갑자기 벼락 치는 소리에 놀라 돌아보니 민소매 차림의 중년 남자가 복슬복슬한 가슴 털을 내놓고 파리랑 싸우고 있다. 내장과 함께 꼬치에 끼운 채 구운 양고기와 빵, 오렌지 주스, 그리고 볶음밥까지 한꺼번에 나온다. 우리나라 된장과 비슷한 색의 소스와 붉은색 소스가 곁들여졌다. 된장처럼 생긴 소스는 콩과 가지를 쪄서 으깨 만든 것이라는데, 찜찜한 비주얼에 손도 못 대다 개미 알 만큼 찍어 혀에 대보곤 빵에 발라 흡입한다.

벽에 걸린 낡은 선풍기 한 대가 전부인 이곳, 땀으로 범벅이 된 채 양꼬치에 붉은 소스를 찍어 한입 베어 문다. 육즙이 '팡팡' 튀는 고기 맛에 새콤하고 매운맛 소스가 더해져 입안엔 아찔한 현기증이 남고, 위장은 파닥인다. 파리 떼도 극성이다.

"이 붉은 소스 이름이 뭐야?"

"잘 몰라."

"왜 몰라?"

"오! 마이 갓! 아이 노(Know를 No로 알아들었다). 잘 몰라."

"그러니까 안다는 거야, 모른다는 거야?"

답답했는지 벤자민은 종이에 'Charmola'라 써 준다. 자료를 찾아보니 'Chermoula Sauce'였다. 그날 이후로 여행이 끝나는 날까지 그들은 툭하면 '잘 몰라'라며 놀려댔다. 밥 한 톨 안 남기고 모처럼 폭풍 흡입했다. 머리도 맑아졌다. 정신은 몸의 지배를 받는 게 맞다. 불쑥불쑥 들이닥치던 불청객도 사라졌다.

8부
뱀파이어도 사랑했던 도시
그리고 파란 마을

타죽어도 좋으리라

 페즈에서 맞는 두 번째 밤이다. 누군가의 방에서 다투는 소리가 들리고, 누군가의 방에서는 나자리노 삽입곡 'When a child is born'이 흐른다. 3층에서 내려다본 1층 로비가 참 예쁘다. 시끌시끌한 걸 보니 중국인 관광객이 다시 들어온 모양이다. 여행 일정을 대충 정리하고 내일 출발할 시간을 재차 확인한다. 짐을 정리한 후 모처럼 늦은 아침까지 꿀잠에 취한다.
 설레며 기다리던 다음날 호텔식 아침 식사는 별로였다. 하리라 수프도, 대추야자도, 구멍이 숭숭 뚫린 빵도 없는 밋밋한 빵과 계란 프라이에 민트차가 전부였다. 남아있는 체리를 깨끗이 씻어 컵라면 통에 담는다. 호텔 밖까지 배웅하는 주인, 부러질 듯 휘청이는 몸으로 여행 가방을 운반하는 벨보이, 오늘 하루 쓸 힘을 다 써버린 듯 기진해 보이는 그에게 팁을 주는 일행도 있다. 탕헤르로 다시 돌아가는 여정이다.
 페즈 시내를 벗어나기도 전에 다시 시작된 폭풍 크레이지. 경적을 미친 듯 눌러대는 통에 슬슬 신경이 오른다. 신호에 걸렸어도, 승객을 내려주느라 비상등을 켰어도, 앞차가 밀려 어쩔 수 없이 서 있는데도 막무가내 크레이지를 외치는 통에 누군가 욕을 하고, 급기야 길을 건너던 행인이 다가와 문을 두드린다. 앞차가 밀려서 그런 거니 제발 조용히 운전하라 하니 '내가 뭘 잘못했는데? 난 아무 잘못이 없어.' 벤자민 특유의 뻔뻔한 몸짓에 정말 한 대 쥐어박고 싶었다.

 시내를 벗어남과 동시에 대평원이 펼쳐진다. 위대하다 모로코! 활짝 핀 해바라기는 수십km의 광활한 평원으로 이어진다. 소피아 로렌 주연 '해바라기' 영화의 한 장면이 스친다. 결혼하자마자 제2차 세계대전이 터져 남편 안토니오가 전사했다는 통지서를 받고 망연자실해 있던 그녀는 남편이 죽음 직전에 도망쳤다는 소식을 듣는다.
 모스크바에서 우크라이나로 고달픈 여정을 떠나는 소피아 로렌, 우크라이나 들판에 끝없이 이어지던 해바라기. 그녀에게 아팠을 해바라기가 이곳에선 시간을 넘나드는 여행자의 몽롱함이다. 왕복 2차선 도로라 차를 세우기가 쉽지 않다. 몰래카메라처럼 불쑥불쑥 나타나는 경찰차에 주눅이 들어 아름다운 장면을 대부분 스친다.
 '타죽어도 좋으리라' 일편단심 대양을 따라 도는 해바라기는 죽음의 군무를 펼치듯 그 아름다움은 절정을 넘어 위태로워 보이기까지 한다. 염전을 지난다. 눈처럼 하얀 소금이 작은 산을 이룬다. 올리브 농장과 해바라기 평원이 반복해서 스치고 들꽃은 지천이다. 여름내 푸르던 몸통을 갈색으로 물들인 풀숲에서 새떼가 날아오른다. 해바라기의 목은 서쪽을 향해 있다. 반복되는 데자뷔 현상에 스스로 놀란다.
 지난겨울 아틀라스로 가는 길에 들렀던 질그릇 노점, 반가움에 차를 세운다. 여행하면서 뭘 잘 사지 않는 나는 지인들에게 줄 선물을 고르는데 아버지 대신 열 살 남짓 소년이 다가와 말을 건다.
 "차이나? 제팬?"
 점토로 만든 조막만 한 밀짚모자 가격을 물어보고 집요하게 매달리는 소년에게 '노!!' 라며 단호하게 거절한다. 우리나라에서도 2~3천 원이면 충분히 살 수 있을 물건을 20유로나 부르는 아이. 나를 엄청난 갑부로 생각한 걸까. '바가지도 적당히 해라. 그러다 한 개도 못 팔 거야!'

  서쪽 하늘로 목이 돌아간 해바라기를 바라보던 태양의 몸이 불덩이처럼 붉어지며 절정으로 치닫는다. 가장 아름답다고 생각하는 순간 그것은 빛을 잃었고, 일편단심 군무를 펼치던 해바라기는 고개를 떨구었다. 그리고 깊고 긴 정적이 따라붙었다.

뱀파이어도 사랑했던 도시

신호 대기에 걸렸고 훤칠한 키에 용모가 수려한 교통경찰이 우리가 탄 차를 향해 걸어오는데 나는 벌써 속이 울렁거리기 시작했다. 경찰은 대뜸 허리를 굽혀 운전석으로 머리를 쑥 집어넣고 나를 콕 집어 가리키며 영어로 질문 공세를 퍼붓는다.

"프랑스어 할 줄 알아?"
"아니."
"영어는?"
"조금."
"어디서 왔어?"
"한국에서."
"너는 참 아름다워."
"고마워. 너도 멋있어."
"모로코는 어때?"
"너무나 아름답고 신비로운 나라야. 여기서 살고 싶어."
경찰은 감동했는지 오른손을 주먹 쥐어 왼쪽 가슴을 두드리며 말했다.
"인샬라! 인샬라!, 너에게 행운을 빌어. 위대한 모로코에서 즐거운 여행하기를 바라."

약간의 무료함이 덮쳐왔고 카페 Chabab가 눈에 들어왔다. 착즙 한 오렌지 주스를 두 잔이나 주문한다. 우리나라 돈으로 한잔에 2천 원 정도인데 대체로 물가가 저렴해 혼자 여행할 수 있을 정도가 되면 많은 돈이 필요하진 않을 것 같다. 마차와 당나귀 자동차 사이로 과거와 현재가 넘나드는데, 그들은 손가락으로 스마트폰 액정 속 미래를 터치한다.

로밍했지만 전혀 터지지 않는 데이터는 속을 터트려 여행 사흘 만에 모로코 유심으로 갈아끼웠더니 시간 장소 가리지 않고 팡팡 터진다. 덕분에 지인의 전화번호 500여 개가 증발해버렸다. 언젠가 이곳도 문명의 이기에 점령당해 이 모든 것들은 박물관에서나 찾아볼 수 있는 옛날 옛적 이야기로 남게 되겠지.

내 코 고는 소리에 놀라 눈을 뜨니 수공예품을 파는 노점상 앞이다. 소년이 20유로를 내라던 젬비아 미니어처가 이곳에서는 1유로도 안 되는 가격이다. 1개 살 돈으로 22개나 살 수 있었다. 음악을 좋아하는 큰아들과 소품을 좋아하는 막내아들이 좋아하는 모습을 상상한다.

탕헤르 어촌 마을

질레바를 입고 삼삼오오 짝을 지어 지나가는 사람들과 야자나무 아래서 이야기를 나누는 사람들이 차창 밖을 내다보던 여행자의 시선과 겹친다. 능글맞은 햇살은 차 안으로 난입하는데 주차 전쟁으로 밖은 소란하다. 잔잔한 어촌 풍경이 눈에 들어왔고 우리는 작은 식당 앞에 줄을 선다.

　노상 테이블엔 푸짐한 생선튀김이 차려졌고, 수다스러운 여인 넷은 양손으로 잡고 생선을 발라 먹는다. 식당 안은 발 디딜 틈 없이 복잡한데 주인과 손님 간 싸움이 한창이다. 대가족 손님인데 가장 나이가 들어 보이는 남자와 가장 앳된 청년이 주인에게 고래고래 소리를 지르고, 젊은 남자 주인은 칼을 꺼내 들었다. 참견러 벤자민이 여지없이 그 판에 끼어들고 나이 든 남자는 음식값을 계산한다. 싸움이 끝났다. 실컷 먹고 음식에 이물질이 들어갔다고 진상떨며 돈을 안 내려는 수작이라는데, 흔하게 벌어지는 일이라고 한다. 경찰에 신고하겠다는 말이 위력을 발휘한 모양이다. 대가족이 빠져나가니 식당은 여유를 되찾는다. 손님이 생선을 고르면 애피타이저로 바지락이 들어간 노란 국물을 내온다. 레몬 즙을 짜서 넣고 먹는데 무척 시원하고 담백했다.
　커다란 쟁반에 수북하게 담긴 생선튀김은 먹기도 전에 배가 부르다. 작은 새우를 껍질 벗겨 먹던 사람들은 통째로 씹어 먹는 나를 보고 놀라고, 접시를 치우러 온 주인은 깨끗한 내 접시를 보고 놀란다. 다음부터 손님들에게 새우는 통째로 먹어야 맛있다며 권해 보라 하니 주인은 큰소리로 웃는다. 배고픔을 해결하니 세상 더없는 나른함이 찾아온다.

거리엔 열댓 명의 젊은 남녀가 징처럼 생긴 악기를 두드리며 행진한다. 그들의 피부는 유독 까맸고 신발은 벗은 채다. 얼굴엔 웃음이 가득하다. 사람들의 시선과 카메라의 초점이 그들에게 고정된다.

'살람' 처음 보는 이들에게 미소 지으며 인사를 건넨다. 그들은 친절하게 화답한다. 고양이 한 마리가 다가와 벌렁 누운 채 앞발로 얼굴을 '툭' 건드린다. 촘촘히 걸어오던 시간은 태양이 던지는 그림자를 밟으며 멀어진다. 이따금 불안하게 흔들리는 내면의 숲에 비둘기가 한 마리 내려와 앉은 듯 어촌마을의 풍경은 잔잔하게 흐르고 있다.

스페인에서 배를 타고 지브롤터 해협을 건너와 아주 잠깐 머물렀던 시간을 다시 꺼내 본다. 짐 자무시 감독의 영화 〈오직 사랑하는 이들만이 살아남는다〉의 배경이 되기도 했던 도시. 〈미드나잇 인 파리〉처럼 내가 살지 않았던 깊은 시간 속으로 데려다줄 것만 같은 도시. 그래서 뱀파이어마저도 사랑할 수밖에 없었던 도시였을까. 여긴 탕헤르 작은 어촌 마을이다.

이상한 엘리베이터

숙소를 안내할 가이드는 약속 시간 30분 전에 이미 도착해 백여 미터 앞에서 기다리고 있었다며 폭풍처럼 후진해서 달려온다. 숙소 주차장이 괴상하다. 자동 인식 서비스인 모양인데 가이드 라인에서 별짓을 다 해도 문은 열리지 않는다. 결국, 관리인을 불러 해결한다. 정작 주차장에 들어오니 대체 주차를 어떻게 하라는 건지, 질서 없이 지그재그로 얽힌 차들 사이에 억지로 퍼즐을 끼워 넣듯 주차한다.

엘리베이터는 더 웃겼다. 클로즈 버튼을 아무리 눌러도 미동도 없다. 관리인은 웃으며 층을 가리키는 숫자 버튼 상단 맨 윗부분 빈 곳에 자석을 댄 채, 원하는 층 버튼을 먼저 누른 다음, 클로즈 버튼을 누른다. 아파트 복도에는 콜라병과 먼지가 한 몸이 되어 뒹군다. 현관문을 열다 기절하는 줄 알았다. 건장한 젊은 남자 두 명이 앉아서 콜라를 마시는데 예의라곤 찾아볼 수도 없다. VCR과 연결된 티브이 화면에서는 야릇한 동영상이 지직대는데 순간 공포가 느껴졌다. 게스트하우스? 저 사람들도 여기서 숙박을? 전신에 오싹한 소름이 돋는데 수카이나는 놀란 나를 보고 더 놀란다. 젊은 남자 중 한 명은 집주인이었고, 우리의 행색을 훑어본 남자는 집이 마음에 드냐 묻는데 얼른 쫓을 생각에 좋다고 고맙다고 말하고 우리가 돈을 계산했으니 나가 달라 말한다.

　내부는 허술하고 촌스럽다. 나름 치장한다고 신경 쓴 모양인데 사선으로 건축된 반대편 아파트에서 우리 숙소인 아파트가 훤히 들여 다 보이는 구조다. 커튼으로 전부 차단한다. 베란다에 나와 있는 사람들은 아파트에 박힌 비둘기 같다. 옷장도 소파도, 식탁도 온통 붉은색이다. 화장실 전등은 나가서 관리인 부르기도 귀찮아 스마트폰 플레시로 불을 켜고 대충 씻는다. 모든 것들이 엉성하기 그지없다.

　와인을 산다며 나간 룸메이트를 기다리다 산책을 나선다. 소금기 없는 바람이 불었고, 지브롤터 해협 건너 스페인의 타리파Tarifa 항구를 바라보는 청년의 그을린 등에 매달린 작은 가방에 시선이 머물렀다. 어쩌면 이곳을 벗어날 방도가 그 안에 있을 것만 같았기 때문이다.

꿈과 현실의 거리

탕헤르의 아침은 느린 발걸음으로 찾아왔다. 김치 통조림으로 김치죽을 끓인다. 아니 김치죽이라기보다 잡탕이다. 멸치랑 다시마로 육수를 우려서 감자를 송송 썰어 넣고 매운 고추도 넣고 양파도 넣는다. 햇반을 털어 넣고 푹 끓인 다음, 라면을 잘게 부수어 넣은 후 수프로 간을 맞춘다. 비주얼은 '그지' 같은데 맛은 세상 최고다.

이상한 엘리베이터를 겨우 작동시켜 아파트를 탈출한다. 숙소 근처 카페에 들러 커피를 주문한다. 바다를 바라보며 커피 한 잔을 마셔보려던 낭만은 오토바이족의 굉음에 부서지고 퀴퀴한 담배 연기를 피해 구석에 자리를 잡는다. 녹이 슬어 구멍이 난 버스에 탄 사람들은 마치 센과 치히로의 행방불명처럼 경계를 넘어 어디론가 사라져 버릴 것만 같다. 시간의 물결을 타고 종횡무진 과거를 넘나드는 몽롱함의 끝은 어디일까.

파란 마을, 하늘을 이고 땅을 섬기며 바다를 그리워하는 사람들이 사는 곳을 향해 달린다. 멀어져 가는 탕헤르. 바다 위에 고정된 시선, 바다는 저렇게 파란 거라 뇌에 새겨준다. 탕헤르Tangier는 아랍어로 탄지어Tangier라고 한다. 탕헤르는 모로코의 관문이자 아프리카가 시작되는 곳이다. 타리파Tarifa 역시 스페인의 관문이자 유럽이 시작되는 곳이다. 탕헤르와 타리파 사이에 지브롤터 해협이 대서양과 지중해를 관통한다. 지브롤터 해협 Strait of gibralta은 지중해와 대서양을 잇는 교통의 요지다. 이 해협을 가운데 두고 스페인의 최남단 타리파와 아프리카 북단 모로코 탕헤르는 마주보고 있고 페리ferry호가 대륙과 도시를 연결한다.

 지브롤터 해협을 끼고 달리는 길옆 우측 절벽에 새집처럼 보이는 것은 집시들의 집이다. 잠자듯 고요한 바다 위를 숨죽이듯 달리는 작은 배 뒤로 물결이 부수어진다. 작은 점 하나 숨기지 못할 정도로 햇살은 투명했고, 바다 빛은 더욱 깊어졌다. 화장기 하나 없는 얼굴인데도 자연 채광으로 빛이 난다. 윤슬 조각이 물고기 비늘처럼 반짝거렸고, 날아오르는 새의 날갯짓에 그 빛은 사방으로 흩어졌다.
 해안도로 대신 낮은 언덕길이 나타났고, 그 길 위에서 히치 하이킹을 하는 아이들의 눈빛은 절망에 가까웠다. 찬란한 바다 빛에 홀린 나는 언덕에 올라 스페인을 바라다본다. 저 바다 건너 미지의 세상을 향한 꿈을 이루기 위해 버스 밑에 매달려 오다 참변을 당하는 아이들도 많다고 한다.
 누군가가 꿈꾸는 그곳은 누군가에겐 벗어나고픈 시공時空의 족쇄일지도 모른다. 우린 서로 다른 꿈을 꾸며 서로의 세상을 동경하는 이방인 같은 존재다. 일순간 상념이 스쳤고 언덕 꼭대기에 앉아 바다 건너 어딘가를 망연히 바라다보는 어린 목동과 그 곁을 지키는 개의 뒷모습이 시야에 들어왔다 사라진다. 뾰족 솟은 아틀라스 산맥 위에 걸친 구름을 따라 달리는 차량의 행렬이 몇 번의 고개를 이어 넘는다.

하늘로 날아간 아이

 도무지 알 수 없는 풍경으로 이방인을 흡수하는 나라, 수천, 수만 겹의 베일에 싸인 나라. 크고 작은 마을마다 크고 작은 모스크가 있는 나라. 점점 고도가 높아지는 길은 휘어짐의 강도를 더하고 속은 부대껴 온다. 먼발치로 모습을 드러내는 마을은 강렬한 태양 빛 때문인지 겨울보다 색감이 한층 더 파랗게 보였다. 마을을 상징하는 아치형 문 앞에서 사진을 찍고 갓길에 차를 세운다. 마을 입구 장례식장에서는 구슬픈 장송 곡이 흘러나왔고 칙칙한 질레바를 입은 사람들은 더위 때문인지 무표정해 보였다. 오늘도 누군가의 영혼이 연기처럼 사라지고 있다.

 가로수로 심은 오렌지 나무는 탐스럽고 노란 열매를 맺었다. 그 길을 따라 천천히 걷는데 갑자기 어린 소년이 달리는 속도를 제어하지 못하고 차도로 뛰어들었고, '탁'하는 소리와 함께 하늘로 날아올랐다. 그리고 사정없이 길바닥에 내팽개쳐졌다. 아이는 뛰어서 아빠 품으로 달려들었고, 누구 하나 신고하는 이도 없이 사람들은 두 패로 갈려 시시비비를 가리느라 고성과 함께 삿대질이 오갔다. 정신 나간 아이 아빠도 패거리에 합류했다. 아이는 아프다고 울기 시작한다.

이때다 싶은 운전자는 도망치려 하고 나는 '크레이지 맨'이라고 소리를 질렀다. 그리고 벤자민을 떠밀었다. 벤자민은 소리소리 지르며 운전자에게 '사고 나는 거 동영상으로 다 찍었다. 아이를 태우고 병원에 가서 치료해 주지 않으면 경찰에 신고할 거다. 그러면 너는 감옥에 갈 거다.' 며 아낌없이 참견러의 면모를 드러냈다. 나는 아이 아빠에게 아기가 죽을 수도 있다. 병원을 데리고 가서 사진도 찍고 치료를 하라며 아이와 함께 차에 밀어 넣었다. 병원으로 향하는 차를 바라보며 이 말도 안 되는 상황을 부디 인샬라로 퉁치지 않길 빌었다.

영혼을 파는 사람들

　마을 입구에서 빵 수레를 끄는 소년과 처음으로 마주쳤다. 원주민 복장을 한 여인 둘은 뭐가 그리 재밌는지 소리 내어 웃다 귓속말을 주고받는다. 꽃바구니로 장식된 계단을 사진으로 담는데 돈을 내라며 벼락 치듯 소리를 지르며 한 남자가 달려왔다. 아무리 돈도 좋지만, 현지인이 사는 마을이다 보니 하루도 빠짐없이 드나드는 관광객이나 여행자들로 인한 피로감은 말할 수 없이 클 것 같았다. 나는 미안하다며 몇 디르함의 돈을 건넸다. 파란 옷을 입은 파란 눈의 아이가 파란 벽에 기대니, 아이가 벽이 되고 벽이 아이가 된다. 갑자기 차 문을 잠그지 않았다는 벤자민, 그 안에 여권을 두고 왔다는 말에 일행은 사색이 되고 그는 달린다. 갖은 상상에 뇌가 다 쪼그라든 것 같은 순간 숨을 헐떡이며 여권을 보여준다.
　지인들에게 줄 펜던트를 몇 개 고른다. 덥고 지친다. 그 더위에 질레바를 껴입고 엎드려 구걸하는 사람들에게 크레이지라 외치는 벤자민은 희한하게 앞을 보지 못하는 사람들에게는 관대하다. 동전을 건네며 말도 건다. 이유를 물으니 그의 아버지가 앞을 보지 못하기 때문이란다.

　쩌죽을 것 같은 더위에 숨이 찬데, 그늘도 없는 바닥에 누워 내리쬐는 태

양 앞에 온몸을 펼치고 새끼에게 젖을 물리는 어미 고양이, 나는 우유 상자에 생수를 덜어 어미 고양이 옆에 놓아준다. 그 예쁜 골목도 더위 앞에서는 빛을 발하지 못했다. 영혼을 빼앗긴다고 사진 찍는 걸 거부하는 사람들인데 지나쳐 온 골목 기념품 가게 총각이 사진을 같이 찍자며 부른다. 사진 찍을 때마다 돈을 달라는 그들인데 내게 찍자고 먼저 요청했으니 내가 받아야 하나. 지나치게 밀착해 사진을 찍는 녀석을 민다는 게 너무 세게 밀었나 보다. 미안해진 나는 넘어진 청년을 일으켜 다시 제대로 찍는다. 갑자기 상점 사람들이 흘긋, 흘긋 눈치를 보다 내 팔짱을 끼고 너도, 나도 같이 사진을 찍자며 한 손으로는 하트를 만든다.

 마을 안에 있는 모스크에서 경전을 읽는 소리가 낭랑하게 흘러나오고, 울부짖으며 차에 타던 아이의 울음소리는 귓전에 사납게 달라붙는다. 파란 마을의 여행은 그렇게 끝이 났다. 하루의 절반 이상을 삼킨 태양은 서편으로 뒷걸음질치고, 붉어지는 하늘 끝에 매달린 여행자의 시간도 훌쩍 재주를 넘는다.

석 잔의 민트 차

모로코를 여행하면서 지나치게 친절한 사람들이 약간 불편할 때도 있었는데 나의 오만과 편견 탓도 있었음을 뒤늦게 깨달았다. 기념품 가게에서도, 시장에서도, 카페에서도, 길을 걷는 중에도 그들은 자기 집에 놀러 오라며 스스럼없이 이방인을 초대했고, 차와 빵을 대접하는 것을 기쁨으로 여겼다. 손님에 대한 극진한 환대를 베푸는 것이 자신의 품격과 명예를 높인다고 믿기 때문에, 이방인에게 박하잎과 설탕을 넣어 끓여낸 전통차를 내어준다. 우리가 흔히 부르는 민트 차인데 그들은 '앗타이atai'라 부른다.

이슬람 국가라서 술을 마시지 못하는 것을 차로 달래기도 했고, 기후 탓도 있다. 사막의 영향을 받아서 덥고 비가 적게 내려 소고기나 양고기를 주식으로 삼는 그들은, 채소나 과일로 채우지 못하는 비타민을 민트 차로 대신한다. 그들은 차를 따를 때 주전자를 높이 들어 작은 유리잔에 따르는데, 그때 생기는 거품은 환영을 의미한다. 그리고 손님은 석 잔을 마셔야 하는데 그 의미가 흥미롭다. 첫 잔은 생활의 쓴맛을 의미하고, 두 번째 잔은 사랑의 달콤함이며, 세 번째 잔은 죽음과 온유를 의미한다. 이제야 왜 그들이 차를 꼭 석 잔씩 따라주었는지 이해가 되었다.

우리카 폭포 아랫마을에서 만난 사하라 할아버지도, 아나콘다 로드가 있는 기념품 가게 총각도, Edelsen마을 여인도, 물레야꾸 마을 자유로운 영혼의 여인도 석 잔의 차를 따라주었다. 그들에게 차는 단순한 음료가 아닌 사회적 공동체에서의 환영의 의미이기에 공적 모임이든 사적 모임이든 차 없이는 완성될 수 없다.

모로코인들이 화를 내거나 서두르는 모습을 거의 볼 수 없었는데, 특별하게 타고난 낙천적인 성격과 모든 것을 인샬라(신의 뜻)로 치부하는, 어쩌면 그래서 인생을 어렵게 고민하고 살지 않는 이유인 것도 같다. 모로코인에게 길을 물으면 열 사람 다 다르게 설명한다고 하는데, 이것 또한 맞아도 틀려도 상관없는 인샬라로 치부하는 까닭인지도 모른다. 유독 모로코 여행자들의 여행 이야기가 같은 장소임에도 매우 다른 느낌으로 전해지는 것은 그런 이유와 무관하지 않은 것 같다.

벤자민의 파랑새

 벤자민은 한국 단체관광객만 보면 기겁을 하며 숨었는데, 이유인즉, 한국인이 경영하는 여행사에서 일하기 때문에, 혹시 아는 사람이라도 만나 아르바이트하는 것을 사장님이 알게 되면 해고당할지도 모른다는 불안감 때문이었다. 한국인들과 여행하면서 여행자들이 가져온 김치나 소주, 햄 돼지고기 등 이슬람 국가에서 금기시하는 음식을 거의 매일 먹는다는데 그 또한 그에게는 두려운 일이었다. 그러면서도 한국 음식은 절대 끊을 수 없는 마약처럼 환상적이라고 했다. 심지어 이슬람교도 믿지 않고 질레바도 안 입는다는데 모국에 대한 자부심이 없는 걸까, 아니면 여행자들과 시간을 보내면서 파랑새를 쫓게 된 걸까. 돈 벌어 스페인으로 넘어갈 거라는 그와 모로코에 홀린 여행자의 동상이몽이다. 비밀로 해달라는 순박한 모습이 왠지 짠했다. 어쩐지 그에게 스페인은 꿈으로 끝날 것만 같았기에.

9부
카사블랑카의 달

아실라Asilah의 군인들

　도시와 마을이 바뀔 때마다 전혀 다른 모습으로 여행자를 흡수하는 나라 모로코. 유럽 일주를 꿈꾸던 나는 모로코 여행가가 되고 싶다는 생각을 한다. 길게 이어진 구름을 따라 접었다 펼쳐지는 길 위에 자연은 경이로움을 선사한다, 시간을 묶어둔 목동, 전생의 업을 끊어주려는 듯 육중한 몸을 염치도 없이 당나귀 등에 의지한 여인, 제 몸보다 커다란 나뭇짐을 이고 가는 소년, 그들은 수백 년 전 각기 다른 세상에서 걸어 나와 여행자와 함께 현재를 걷고 있다.
　같은 공간 속에서 과거와 현재와 미래를 이어주는 다른 시간의 연속성이 사라지고 뚝뚝 끊긴 필름처럼 화면은 빠르게 바뀐다. 사이프러스 나무 끝에 알함브라 궁전의 태양이 공존한다. 바오밥나무처럼 통통하게 살이 오른 유칼립투스 나무는 구름을 인 채 바람을 붙잡아 게으른 그림자 위에 던진다. 여행자를 바라보는 비쩍 마른 늙은 개의 눈빛은 초연하다. 붉은 황톳길을 거북이 기어가듯 하는 마차. 카사블랑카나 마라케시 같았으면 크레이지 폭탄 다발이 쏟아졌을 텐데 무슨 일인지 마차가 갈 수 있도록 옆으로 비켜서는 차들이 신기할 따름이다.

비켜선 차 사이를 도도하고 우아한 걸음으로 마차를 끌고 가는 말발굽 소리가 경쾌하다. 어디서 시작되었는지 탱크와 함께 끝이 안 보일 정도로 길게 이어지는 군용트럭 행렬에 카메라를 꺼내다 혹 총살을 당하는 게 아닌가 두려워 그만둔다. 군용트럭 위에서도 긴장을 늦추지 않는 앳된 병사들 얼굴은 근엄하고 비장해 보였다.

휴게소 간이의자에 퍼질러 앉아 포토 인화기로 사진을 뽑으며 두 아들에게 안부를 전한다. 내가 있는 이곳은 아실라Asilah라는 작은 도시다. 모로코 북서부 연안에 위치한 도시로 행정구역상으로는 탕헤르 테투안에 속한다.

'아들들 덕분에 여행은 점점 좋아지고 있어. 포토 인화기의 힘은 생각보다 크네. 고마워.'

분명 여행이 재밌어질 거라며 막내아들이 챙겨 준 걸 짐이 된다며 빼두었는데, 후회하지 말고 챙겨가라는 두 아들 말을 듣길 정말 잘했다. 서툰 언어도 이거 하나면 다 통했으니 앞으로 또 어떤 인연들이 다가온 대도 상관없다. 갑자기 나에게 일제히 소리치는 사람들. 보병이 지나간다며 빨리 사진을 찍으라는데 순간 민망해져 못 들은 체 딴청을 피운다. 내가 얼마나 사진에 집착했으면.

지열이 만들어낸 아지랑이를 헤치며 우린 다시 길을 나선다. 땅을 부둥켜안은 채 성장을 멈춘 나무들은 난쟁이 같다. 가늘고 기다란 구름이 나지막이 내려와 떠도는 아틀라스 산맥 정상엔 만년설이 반짝인다. 위대한 자연 속에서 인간은 하나의 점도 되지 못했다.

정어리와 노인

여행도 막바지에 이른다. 카사블랑카로 돌아가는 길이다. 관광을 즐기거나, 음식을 가리거나, 숙소를 따지거나, 불평이 많다면 이런 여행은 노노! 음식 안 가리고, 숙소 안 따지고, 사람 좋아하는 덕분에, 무엇이든 잘 먹고, 잘 자고 모든 상황을 여행으로 받아들였다. 난 감히 이곳을 천국이라 부른다. 아니 내겐 천국이다. 속세의 그 무엇도 무겁지 않은 여정. 가끔 공황증 비슷한 감정이 다가오기도, 장이 탈이 나기도 했지만 내가 꿈꾸는 삶의 여정이기에 매 순간 행복했다.

문득 항구가 보이고 삼삼오오 아무 데나 걸터앉아 이야기를 나누는 사람들, 내가 좋아하는 어촌마을 풍경이다. 비좁은 도로를 가득 메운 차는 바퀴 한번 구르는데 오분은 걸리는 것 같았다. 간신히 빠져나오긴 했는데 주차할 곳이 없다. 어쩜 골목의 작은 여분까지 다 차지해버렸는지 이 마을을 그냥 지나칠까 조바심이 나는데, 갑자기 커다란 차가 쑥 빠지고 여유 있게 주차를 한다. 아 참! 나는 행운의 여신이었지.

주차도 전에 차에서 뛰어내려 시장으로 달린다. 생선 비린내가 진동하는 시장 바닥은 길고양이들의 천국이고, 얼음에 재운 정어리를 사느라 줄지어 있는 사람들 표정은 행복하다. 별별 생선이 다 탐이 나는데 한 보따리 사서 아이들 조려주고 튀겨주고 구워주었으면 딱 좋겠다. 여물통처럼 생긴 기다란 화덕 위에 석쇠를 얹고 생선을 굽는다. 소래포구에서 시장 상인에게 회를 주문하고, 떠 준 회를 받아 양념 집에서 자릿세 내고 먹는 것처럼, 여기에서도 정어리나 생선을 사서 시장 건너편에 있는 생선구이 집을 골라 자리를 잡으면 된다.

7월 말은 정어리 철인데다 정어리가 가장 맛있는 계절이기도 하다. 나도 정어리를 스무 마리 정도 사서 사람들이 제일 붐비는 구이집을 찾는다. 생선 굽는 냄새와 연기로 뒤덮인 가게 안에는, 장정 서넛이 여물통처럼 생긴 기다란 화덕에 붙어 비지땀을 흘리며 생선을 굽는다. 빵과 샐러드 라임 주스를 주문한다. 주인은 내 정어리를 순식간에 다듬어 석쇠 위에 생선을 얹고 굵은 소금을 '툭툭' 뿌려 노릇하게 구워낸다.

화덕 바로 아래 세숫대야만 한 그릇에는 멸치를 통째로 삭혀 만든 우리나라 액젓이랑 비슷한 것이 흘러넘치는데, 그 주변에 파리 떼도 난리다. 흡사 토사물 같은 생김에 약간 비위가 상했다. 노릇하게 구워진 정어리와 함께 그 소스도 사이좋게 내 앞에 앉는다. 주인은 엄청 맛있다며 어서 먹으라고 재촉하는데 나는 살짝 망설이다 레몬즙을 잔뜩 뿌린다. 그리고 소스를 살짝 찍어 양손으로 잡고 뜯는데, 쫀득한 생선 살이 입안으로 뭉텅뭉텅 쏟아진다. 짭조름하면서도 고소한 소스는 정어리의 담백한 맛을 극치로 끌어 올린다.

아무거나 잘 먹는 내 식성을 믿을 수 없다는 지인들도 있다. 너무 맛있게 먹어서 먹어보면 별로인 것도 있어 내 입맛을 백 퍼센트 믿을 수 없다지만, 이 맛만큼은 경험하게 해주고 싶었다.

"아이고 저 할아버지는 먹는 사람 미안하게 왜 저렇게 뚫어지게 쳐다보시는 거야."

그런데 주변을 둘러보니 앉아서 먹는 사람들 옆에는 한결같이 연세가 지긋한 할아버지 할머니들이 망부석처럼 앉아있었다. 내 옆자리 남자가 정어리를 다섯 마리쯤 남기고 일어서니 바로 그 자리를 할머니가 차지하곤 남은 정어리를 다 먹어 치운다(다 드셨다). 상황 파악이 된 나는 일곱 마리 정도 남은 정어리를 두고 일어선다. 기다렸다는 듯 할아버지가 자리를 차지하는데 오지랖 넓은 나는 빵과 주스를 주문해 정어리랑 같이 드시라며 친절을 베푼다. 내가 먹으려고 주문하는 줄 알았던 주인은 너무 많이 주문한다며 '너 먹을 거 아니면 그럴 필요 없었는데' 라며 인상을 쓴다.

정작 인사조차 안 하는 할아버지, 난 묘한 배신감을 느꼈다. 이곳에서 남은 음식은 걸인들의 몫이다. 그들에게 먹다 남은 음식을 주는 게 아니라 일부러 남겨둔다. 삶의 희망이 전혀 없어 보이는 할아버지의 휑한 눈빛은 그저 하루를 연명하고자 음식을 취하는 것처럼 여겨질 뿐이다. 그런데 '살람. 메르씨' 들릴 듯 말 듯 인사를 건네는 할아버지, 나는 순간 몹시 부끄러워지고 말았다.

시내를 한 바퀴 돌아볼 생각으로 시장 골목을 빠져나온다. 갑자기 대여섯 명의 남자아이들이 달려들며 '차이나! 차이나! 어글리 차이나!'라며 해

괴망측한 손동작으로 나를 겁박한다. 이럴 때 물러서면 안 된다는 걸 경험으로 체득한지라 소리를 빽 지르고 겁이 나서 주변을 둘러본다. 마침 자전거를 타고 가던 아저씨가 막대기를 들고 벼락 치듯 소리를 지르며 아이들을 쫓아낸다. 미안하다고 대신 사과하는 그는 무슨 일이 있어도 절대 여자 혼자, 그것도 동양 여자가 혼자 다니면 위험하다며 타이르듯 말을 한다. 심장은 한참을 벌렁거렸다.

담배 연기 자욱한 카페 한구석에 앉아 아메리카노를 주문한다. 이곳 커피는 대체로 맛이 별로다. 게다가 칙칙한 질레바에 담배 연기까지 더해지니 골방처럼 숨이 턱 막힌다. 딸랑거리는 방울 소리가 먼저 울렸고, 화려하게 치장한 물장수가 지나갔다. 사람들이 한데 뭉쳐 횡단보도를 건너갔고, 정적과 고요가 텅 빈 거리를 메꾸었다. 얼룩진 카페 창문 너머로 삶의 흔적이 빠르게 재생되었다 되감았다 정지되기를 반복하며 여행자의 마음을 흔들었다. 나무로 된 낡은 카페 문이 열리며 눈매가 사나운 젊은 남자가 들어와 자리를 잡느라 테이블을 미는 바람에 약간의 소음이 일었다. 얼룩진 카페 창문 너머 횡단보도 신호등이 초록색으로 바뀌었고, 사람들은 메뚜기처럼 뭉쳐서 건너기 시작했다.

지옥에서 딴 운전면허증

　머나먼 길을 돌아 다시 카사블랑카로 돌아왔다. 여전히 거리엔 무질서함이 들끓는다. 신호 따윈 상관없는 그들. 아무 때나 성큼성큼 차도로 뛰어들고, 서로 크레이지를 외치며 손가락질을 하고, 헬멧도 쓰지 않은 오토바이 운전자들이 버스와 자동차 사이를 아슬아슬 누비고, 심지어 버스와 자동차 사이에 끼어들어 한 손으로 버스 옆구리를 밀면서 곡예 운전을 감행한다.
　우리가 탄 차에 작은 상처를 낸 오토바이 운전자는 욕까지 하며 도망친다. 엉켜있는 차도에서 딱히 방법도 없으니 운전자는 고래고래 소리를 지르며 분풀이를 한다. 지옥에서 딴 운전면허증이 아니면 도저히 헤쳐 나가기 힘든 길이다. 대체 차선과 신호등은 왜 있는 건지. 심지어 어떤 교통경찰은 카톡을 하는지 스마트폰을 들여다보며 킬킬거리느라 정신줄을 놓았다.
　허여멀건한 눈동자를 드러내고 비닐봉지를 볼록하니 부풀려 코에 대고 마약을 흡입하는 소년도 여전히 거리를 활보한다. 오토바이에 치인 어린아이가 피를 흘리며 누워있는데 구름처럼 몰려든 사람들은 구급차 안 부르고, 경찰 안 부르고, 대체 뭐 하는 걸까. 노력도 없이 무법자들처럼 행동하는 그들의 인샬라는 여전한 모양이다.
　모로코의 대표적인 상업 도시이며, 무역항인 카사블랑카, 잉그리드 버

그만과 험브리 보가르 주연의 영화 '카사블랑카'를 보고 동경했던 도시. 혼을 빼앗아가도 모를 정도로 정신이 없는 도시의 민낯은 낭만과는 수억만 광년은 멀어 보였다. 내가 좋아하는 하산 2세 모스크 광장을 돌아 숙소를 향해 걷는다. 카사블랑카라 믿기 어려울 만큼 골목은 정갈하고 깨끗했다. 바로 숙소 앞 카페 통유리 너머 검은색 앞치마를 두르고 서빙을 하던 체구가 작은 남자와 눈이 마주쳤고, 우리는 동시에 살짝 고개를 숙이며 인사를 건넸다.

카사블랑카의 달

 이번 여행 중 가장 깨끗한 숙소다. 마음에 든 나는 기분이 좋아져 거실 바닥에 짐을 죄다 쏟아 놓는다. 샤워하고 멸치육수를 우린다. 매운 고추 향이 섞인 육수 냄새가 코끝으로 달려든다. 감자와 양파를 썰어 넣고 된장 한 스푼을 풀어 넣는다. 딱 하나 남은 햇반을 데워 정신없이 된장찌개에 말아 먹고 나니 갑자기 밀려오는 허허로움은 무엇인지.
 빨래를 빨아서 베란다 빨랫줄에 넌다. 지옥 같은 도시의 밤하늘에 초승달이 걸렸다. 밤의 침묵 속에 빠져든 도시. 유리알처럼 빛나는 달. 달빛에 제빛을 잃은 별은 소심하게 반짝인다. 이글거리며 지상으로 달려들던 태양이 사라진 밤은 이렇듯 다른 모습으로 다가온다. 풀풀 바람을 타고 춤추는 빨래. 뭉클 코끝을 스치며 가슴 저 밑바닥부터 올라오는 알싸함. 같이 빨래를 널 수 있는 가족이 있다는 건 얼마나 위대한 행복인지. 두 아들을 향한 그리움에 차마 보고 싶다는 말을 하지 못하고 오래도록 초승달만 바라본다. 외로움과 공허함의 여백을 채우지 못한 채 소파에서 잠이 든 나는, 그날 밤새도록 밤하늘의 별똥별을 쫓아다니며 무슨 소원을 그리도 많이 빌었는지 모른다.

돌아갈 준비

9시까지 늘어지게 자고 일어나 남은 김치와 재료를 몽땅 섞어 잡탕 찌개를 끓인다. 모로코 고추는 보기엔 순하게 생긴 것이 어찌나 매운지, 혀만 대보았는데도 위장이 홀랑 뒤집히는 줄 알았다. 멸치볶음과 깻잎을 꺼낸다. 다 먹은 줄 알았던 햇반을 하나 백 팩에서 발견하고 흥분했다. 제법 근사한 식탁이 차려지고 생전 안 하던 기도를 공손히 올린 후 천천히 밥을 먹는다. 빨리, 빨리 문화에 길들인 탓에 아무리 천천히 먹으려 해도 오분 이내에 뚝딱 해치우는 나의 밥 먹는 실력에 다들 놀랐다. 밥을 마신 건 아니냐며 위는 괜찮나 걱정도 했다. 암에 걸리고 싶지 않으면 조심하라며.

커피를 마시고 여행 가방을 정리한다. 더디게 흐르던 시간이 속도를 낸다. 명상음악을 들으며 여행기를 정리하다 깜빡 잠이 든다. 창틈으로 불어오는 바람과 새소리에 잠이 깼고, 유심을 갈아 끼워야 한다는 생각을 했다. 벤자민을 불러 복잡한 시내를 한 바퀴 돌아 지저분한 골목 모퉁이에 있는 공중전화 가게에서 본래의 유심으로 갈아 끼운다.

하산 모스크 광장을 걷고 싶다는 나를 기꺼이 데려다주겠단다. 시내를 통과할 때 난리를 칠 줄 알았더니 무슨 일인지 얌전하다. 벤자민 나무가 예

쁘게 도열 된 거리를 지나 하산 모스크 광장 앞까지 갔는데 마음이 변한 나는 대서양 연안으로 데려다 달라 부탁한다.

  바다 위에 걸친 먹구름 사이로 몇 가닥 굵은 빛이 쏟아지고, 사람들은 그 빛을 향해 걸어간다. 오후의 풍경을 훔쳐간 바다는 새침하다. 작은 차 하나 세울 공간 없이 빼곡한 해안가 주차장, 그런데 바로 우리 앞에서 큰 차가 빠지며 넉넉한 주차 공간을 확보한다. 행운의 여신이 또 등장한다. 여행 내내 한 번도 나쁜 일이 생기지 않았고 오히려 좋은 일이 많았으니 그럴 만도 하다. 혼자 걷겠다 고집하는 내게 위험하다며 말리다 두 시간 후에 카페에서 만나기로 한다. 가끔 미친놈 같긴 한데 두뇌도 명석하고, 지혜롭고, 영악하기까지 하다. 잔머리는 굴리지만, 눈치도 빠르고 가끔 친절하다.

  나는 스카프로 얼굴과 목을 두른다. 반바지 차림에 슬리퍼가 세상 편하다. 스카프로 얼굴을 가리는 것도 이젠 자연스럽다. 내가 보내준 사진을 본 지인들은 현지인보다 더 현지인 같다며 돌아와서도 스카프를 두르고 다니란다. 예쁘다며.

'마담! 살람!.'

또 그다. 해산물 가게 아저씨. 그 많은 사람 중에 나를 알아봐 준다는 게 고맙고 신기하다. 손을 크게 흔들며 화답한다. 두 시간 후에 만나기로 했던 벤자민은 내 뒤를 졸졸 따라오고 있었다. 동양 여자 혼자 걷게 하는 게 신경이 쓰인 모양이다. 내심 겁도 났던지라 반갑기도 어이없기도 해 웃다가 같이 걷는다.

나는 무슨 복이 많아서 여기까지 왔고, 또 이곳을 걷고 있는 걸까. 내가 삶이 평범했더라면 신부님을 만나지 않았을 것이고, 산에 다닐 생각도 못 했을 것이다. 이미 삼십 대에 히히벌판에 서 있는 것 같은 시간을 견디려니 기댈 그 무엇이 필요했다. 가르멜 수도회 회원으로 입회해서 하루의 절반 이상을 기도로 보내고, 막내 손 잡고 매일 미사를 다녔다. 문득 수도자처럼 사는 나 자신과 아이들의 모습이 겹치며 마음의 갈등이 일었다. 엄마의 욕심 때문에 아이들이 슬퍼지는 걸 원치 않았다. 종신 서원하던 날, 지금도 늦지 않았으니 돌아가야 할 사람은 돌아가라는 수녀님의 말씀이 끝나기도 전에 수도원에서 도망치듯 돌아왔다. 그날 참 잘 도망쳤다는 생각이 두고두고 든다.

인생이란 행복하다고 늘 행복한 것이 아니요, 불행하다고 늘 불행한 것도 아니다. 행복하기에 불행하고, 불행하기에 행복할 수 있음이다. 인간은 불완전한 존재이지만 또 그렇게 완성되어 가는 존재이기도 하다. 세속과

탈속 사이에 놓인 강물에 자신의 얼굴을 비추어 볼 줄 아는 자는 허무의 시간을 벗고 충만한 내면의 안식처에 머무르게 되리라. 그러므로 등지고 떠나온 시간은 현실의 무게를 덜어내고 다시 돌아가기 위한 연습인지도 모른다. 삶의 종착역에 다다를 즈음엔 짓누르던 삶의 무거움 대신 비워 낸 가벼움으로 깃털처럼 훨훨 날아 긴 여행을 떠날 수 있다면, 그럴 수만 있다면….

가입씨 좋아해?

생각에 깊이 빠져 걷다 하마터면 횡단보도에서 차에 치일 뻔했다. 벤자민은 조심스럽게 가입씨를 좋아하냐 묻는다. 가입씨가 뭐냐 물으니 그놈의 '오! 마이 갓!'을 열 번은 외치나 보다. 치킨이라는데 그럼 아랍어로 닭이 가입씨라고? 닭튀김이 먹고 싶다는 것 같은데 사실 난 튀김 종류를 먹으면 속이 이글거리고 소화가 잘 안 된다. 내키지는 않았지만 가입씨를 먹으면 행복해진다니 그 정도 호의쯤이야.

멀다. 눈치를 보는 벤자민에게 우리나라 산을 뛰어다니며 길러진 체력이라 너보다 더 잘 걸으니 걱정하지 말라 한다. 그런데 젠장, 멀기는 진짜 멀었다. 낭만은 사라졌고 공사하느라 파헤친 길은 먼지가 뿌옇다. 절절매는 벤자민에게 '괜찮아, 문제없어.' 웃어 보인다.

갑자기 흥분해서 소리치는 그. '현다이! 현다이!' 난 무슨 말인가 했다. 엄청나게 크고 화려한 현대자동차 대리점이 대서양 연안을 향해 우뚝 서 있었다. 현대차를 너무 사랑한다며 전시된 차 앞에서 사진 한 장만 찍어 달라는데, 촌티 물씬 나는 순박한 그의 표정에 웃음이 났다.

그나저나 어디까지 걸어야 하는 건지 정말 다리가 아프기 시작했고, 탁한 공기 탓에 머리가 지끈거렸다. 정확한 위치를 모르는 벤자민에게 구글

맵을 켜라 해도 고집을 피운다. 슬슬 짜증이 나기 시작했고, 눈치 빠른 벤자민은 또 괜찮냐 묻는데 '괜찮아'라고 대답하는 내 목소리는 괜찮지가 않았다.

갑자기 찾았다며 소리치는데, '이런 KFC를 보고 가입 씨라 한 거야?' 우리처럼 따로 떼어 발음하는 게 아니라 붙여서 발음하다 보니 '가입씨'라 부른 걸 그제야 알았다. 말을 타고 해변을 달리는 사람들의 모습을 보며 분위기 있게 먹겠다고 야외 테이블에 자리를 잡았다가 어찌나 추운지 안으로 뛰어 들어와 버렸다.

주문한 후라이드 치킨과 모닝빵, 감자튀김과 콜라를 받아 든 벤자민은 처음 콜라를 먹어 보는 부시맨처럼 흥분된 상태다. 치킨 한 조각을 손으로 떼어 씹는 순간 뱉어버리고 싶은 걸 꾹 참는다. 어지간해서 음식에 대한 불평이 없는 나인데 튀김옷을 잔뜩 입혀 기름 범벅인데다 간도 안 맞고 차가워 식욕은 제로 상태가 되었다. 그 많은 치킨과 감자튀김, 빵과 콜라를 게걸스럽게 먹고 난 그는 의지와 상관없이 나온 트림과 가스에, 누가 뭐라 하지도 않았는데 자기는 절대로 밖에서 똥을 싸지 않는다니 무슨 궤변이야. 피로가 몰려오는데 다시 걸어갈 일이 까마득하다. 천국을 누비다 여행 마지막 날은 눈 밑이 새카매지도록 추위에 떨며 먼지 나는 공사 현장을 걸어야 했다.

개념 없는 인샬라

하얀색과 붉은색이 조화로운 예쁜 기차가 서 있는 곳은 Casa Voyageur 역이다. 기차를 타려는 사람들로 북적이는 역 주변은 생기가 넘친다. 그런데 서너 살 정도 된 남자아기가 아빠가 버젓이 보는 앞에서 차가 질주하는 차도에 두 다리를 내려놓고 앉아 흔들고 있다. 차들은 왼쪽으로 반원을 그리며 달려오는데, 아기가 앉은자리가 사각지대일지도 모른다는 생각을 했다. 아니나 다를까, 달리는 차에 치일 뻔한 아기를 번개처럼 잡아채 인도로 끌어내며 아이 아빠에게 '크레이지'라고 나도 모르게 엄청 화를 냈다. '아이를 잘 보살피라고, 너의 아기 두 다리가 잘릴 뻔했다고, 봤냐고, 인샬라는 그게 아니라고, 최선 이상을 다했을 때 의지대로 안 되는 게 인샬라지.' 난 그들의 사고방식에 자꾸 화가 났다. 벤자민이 엉터리 영어를 통역하는데 아기를 안은 남자는 반대편으로 사라진다. 마약이라도 한 걸까.

그러거나 말거나 대서양 연안에 머무르던 태양은 제 몸을 다 태우지도 못한 채 심연 속으로 잠긴다. 어둠이 내린 카사블랑카의 거리는 비교적 한산했다. 귀에 딱지가 앉도록 들려오던 크레이지도 잠잠하다. 비닐봉지를 빵빵하게 부풀려 본드를 흡입하던 소년도 사라졌다. 이 늦은 시간에 구걸하러 나온 여인은 부끄러움도 없이 지나가는 차를 두드리며 손을 내민다.

하얀 집을 의미하는 카사블랑카의 낭만은 잉그리드 버그만이 출연했던 영화 속으로 사라지고, 그들에게조차 크레이지 시티로 불리는 이곳은 작은 인디아다. 현지인들조차 꺼리는 이 도시가 나는 여전히 끌린다. 어제보다 조금 더 커진 초승달은 베란다 건너편에 자리를 잡고 물끄러미 나를 바라본다. 빨랫줄에 널어 둔 수건을 걷는다. 쉽게 잠이 들기가 싫은 나는 오랜 시간 초승달을 마주 보며 이야기를 나눈다. 생각이 많아지는 밤이다.

카페 총각

'차라랑 차랑 차르르르' 새소리에 놀라 눈을 뜬다. 베란다 빨랫줄에 앉은 두 마리의 새, 돌아가는 날이구나. 문득 밀려오는 아쉬움과 가족에 대한 그리움. 짐을 다시 한번 챙겨본다. 유리알처럼 빛나던 초승달과 만감이 교감하던 어젯밤의 일이 벌써 그리워진다. 정갈한 모습으로 반겨주던 자그마한 아파트. 현관문 열쇠 구멍에 열쇠를 넣고 돌리고 돌린다. 잠금 방식이 특이해 수없이 연습하다 갈 때가 되니 제대로다. 잠금장치가 아래, 위 둘로 되어 있는데, 두 번을 돌리면 아랫부분이 잠기고 두 번을 더 돌리면 위까지 모두 잠긴다.

숙소 주변 골목을 걷다 동네 주민 몇몇과 눈인사를 나눈다. 서툰 영어 몇 마디로 여행을 즐기면서도 별로 불편함을 모르고 지냈다. 눈빛, 표정, 손짓, 발짓은 오히려 소통하는데 편할 때도 있었다. 즐겨 먹던 계란반숙, 빵, 오렌지 주스 한 잔, 차 한 잔을 주문하고 창문 너머의 풍경을 담는다. 그리울 테다, 이곳의 모든 것들이. 눈인사를 나누며 아는 척 지냈던 카페 총각은 못내 섭섭한 표정이다.

모로코에서 가장 맛있었던 건 단연코 오렌지 주스다. 과일을 착즙기에 넣고 압착해 쏟아져 나오는 원액을 마시는데 당도까지 뛰어나 피로감이나

우울감을 회복하는데 그만이다. 자그마한 원탁 하나를 차지한 내게 원탁 두 개를 붙여주고 푸짐한 한 상을 차린다. 순간 내가 주문을 잘못했나 싶어 총각을 부른다. 주스 한 잔 주문했는데 왜 석 잔이나 가져왔냐 물으니 오렌지 주스를 좋아하는 내가 오늘 떠나면 언제 이 맛있는 걸 먹겠냐며 두 잔은 선물이란다. 몇 번을 고맙다 인사를 하고 빨대를 입에 무는데 입술이 실룩여지고 눈가가 젖어왔다. 배가 살짝 아팠음에도 그 고운 마음을 차마 물리지 못하고 배가 볼록하도록 다 마셨다. 골목을 한번 둘러본 후 공항으로 향한다.

여행에 대한 나의 소회素懷

친자매처럼 살갑게 챙겨주던 수카이나 자매에게 돈만 빼고 사용하던 여행용품을 모두 챙겨주었다. 심지어 선크림까지도. 불룩하던 여행 가방 배가 쏙 들어가니 여러모로 편했다. 빈손으로 태어나 빈손으로 돌아가는 게 인생이라지만 참 쉽지가 않다. 하지만 여행을 하다 보면 평상시에 정리되지 못한 감성이 조금씩 정리되기도 한다. 일상으로 돌아오면 다시 반복은 되지만 조금씩 낮아지고 비워지는 자신의 내면을 발견한다. 윌리엄 폴 영의 소설 오두막을 주제로 스튜어트 하젤딘 감독이 만든 영화 〈오두막〉의 대사 한 구절이 떠오른다.

'용서하지 않으면 감사와 사랑의 능력이 떨어진다.'

보통의 사람들은 용서 대신 심판대 위에 앉기를 좋아한다. 인생은 어쩌면 태어나면서부터 누군가를 끊임없이 용서하고 용서받으며 사는 일인지도 모른다. 사랑과 감사가 온전하다 느껴질 때, 우린 비로소 누군가를 온전히 용서한 것이고, 자신 또한 누군가에게 용서받았음이다. 그것은 우리가 알던, 모르던, 상관없이 반복하며 인생은 흘러간다. 그리고 심판이란 것은 인간이 인간에게 내리는 것이 아닌 신의 몫이라는 거다.

여행이라는 여정을 통해 키워 낸 나의 나무에 용서의 꽃이 만발하고, 사랑과 감사의 열매로 가지가 휘어질 수 있을까. 그 시간까지 도달하려면 얼마나 많은 여행으로 용서와 화해를 해야 할지 알 수 없지만, 그 핑계로 나는 툭하면 여행을 떠날지도 모른다. 여행은 여행을 낳는다. 언젠가 끝내 여행이 여행을 낳지 못하게 될 것이고, 종국에는 돌아오지 못할 여행길에 오르게 될 것이다. 마지막 여행길에 오를 즈음 감사와 사랑이 차고 넘칠 수만 있다면.

나는 빠른 이별을 했고, 도하행 비행기에 탑승했다. 땅을 박차며 비행기가 이륙하는 순간 약간의 흔들림과 함께 지상에서의 모든 기억이 일순간 사라졌다. 그리고 30년 후의 시간이 광속으로 달려오기 시작했다.

모로코, 천년의 시간을 걷다

찍은날　2023년 10월 15일
펴낸날　2023년 10월 20일
지은이　황성자
펴낸이　박몽구
펴낸곳　도서출판 시와문화
주　소　13955 경기 안양시 동안구 경수대로883번길 33,
　　　　103동 204호(비산동, 꿈에그린아파트)
전　화　(031)452-4992
E-mail　poetpak@naver.com
등록번호　제2007-000005호(2007년 2월 13일)
ISBN　978-89-94833-97-2(03810)

정　가　15,000원